ИСПРАВЛЕНИЯ В РАННИХ РУКОПИСЯХ КОРАНА

ИСПРАВЛЕНИЯ В РАННИХ РУКОПИСЯХ КОРАНА

ДВАДЦАТЬ ПРИМЕРОВ

ИССЛЕДОВАНИЯ ПО ИЗМЕНЕНИЮ РУКОПИСЕЙ КОРАНА
КНИГА 1

ДЭНИЕЛ АЛАН БРУБЕЙКЕР

Авторское право © 2019 ДЭНИЕЛ А. БРУБЕЙКЕР

Опубликовано издательством «Think and Tell Press», Ловеттсвилл

Все права защищены.

Перевод Альфии Тютиковой.

Портрет на обложке © 2023 Стив Хейл

Передняя обложка: MS.474.2003, любезно предоставлена Музеем исламского искусства (фотография Д. Брубейкера); задняя обложка: BnF arabe 331, Национальная библиотека Франции

Фотографии рукописей из следующих учреждений используются с разрешения:

- Национальная Библиотека Франции, Париж
- Музей Исламского искусства, Доха
- Российская Национальная библиотека, Санкт-Петербург

Современные изображения Корана взяты из *Мусхафа Мускат*, использованы с разрешения DecoType.

Никакая часть этой книги не может быть воспроизведена в любой форме любыми электронными или механическими средствами, включая системы хранения и поиска информации, без письменного разрешения автора, за исключением использования кратких цитат в рецензии на книгу.

Исправления в ранних рукописях Корана: двадцать примеров, Исследования по изменению рукописей Корана (серия), том. 1

ISBN 13: 978-1-949123-28-9 (полноцветная мягкая обложка)

ISBN 13: 978-1-949123-26-5 (черно-белая книга в мягкой обложке)

ISBN 13: 978-1-949123-27-2 (электронная книга)

Моим родителям

СОДЕРЖАНИЕ

Ключ к транслитерации	xi
Упомянутые рукописи	xv
Предисловие	xvii
ПРИЗНАТЕЛЬНОСТЬ	xxvii
1. Введение	1
2. Исправления	27
3. ВЫВОДЫ	93
Указатель упомянутых аятов Корана	103
Рекомендованная литература	105
Глоссарий	109
Об авторе	113

КЛЮЧ К ТРАНСЛИТЕРАЦИИ

Для транслитерации на арабский я использую систему IJMES, показанную ниже. Однако, поскольку моя цель состоит в том, чтобы подчеркнуть форму письма, а не произношение, я не меняю определенный артикль *lām* в зависимости от звучания букв *sun*, следующих непосредственно за ним.

ء ʾ
ب b
ت t
ث th
ج j
ح ḥ
خ kh
د d
ذ dh
ر r
ز z
س s
ش sh
ص ṣ

ض ḍ
ط ṭ
ظ ẓ
ع ʿ
غ gh
ف f
ق q
ك k
ل l
م m
ن n
ه h
و w
ي y
ة -a (-at в сопряженной форме)
ال al- и ʾl- (артикль)
ا или ى ā
و ū
ي ī
ّي iyy
ُو uww
َو aw
َي ay
َ a
ُ u
ِ i

Когда мне нужно транслитерировать только *расм*, я использую систему заглавных букв Томаса Мило, чтобы передать двусмысленность архиграфем в рукописях:

Ключ к транслитерации

A	ا	ﺎ	F	ف	ﻓ
B	ب	ﺒ	[F]-Q	ف	ﻗ
G	ح	ﺤ	K	ك	ﻛ
D	د	ﺪ	L	ل	ﻟ
R	ر	ﻪ	M	م	ﻢ
S	س	ﺳ	[B]-N	ن	ﻧ
C	ص	ﺻ	H	ه	ﺪ
T	ط	ﻄ	W	و	ﻮ
E	ع	ﻌ	[B]-Y	ى	ﻳ

УПОМЯНУТЫЕ РУКОПИСИ

Национальная библиотека Франции, Париж
  arabe 327 (примеры 7 и 9)
  arabe 328 (примеры 2 и 12)
  arabe 330 (пример 8)
  arabe 331 (пример 10)
  arabe 340 (пример 13)

Мечеть Аль-Хусейна, Каир
  Каирский *Аль-мусхаф аш-Шариф* (пример 16 и «другой феномен» в конце главы 2)

Дар аль-Махтутат, Сана
  01-20.4 (пример 3)

Музей Исламского искусства, Доха
  MIA.2013.19.2 (пример 15)
  MIA.2014.491 (пример 20)
  MS.67.2007.1 (пример 6)
  MS.474.2003 (пример 5 и передняя обложка)

Национальная Библиотека России, Санкт-Петербург
    Марсель 2 (пример 4)
    Марсель 5 (пример 19)
    Марсель 7 (пример 18)
    Марсель 11 (примеры 3 и 17)
    Марсель 13 (пример 3)
    Марсель 21 (пример 3)

Библиотека дворца Топкапы, Стамбул
    Топкапский *Аль-Мусхаф аш-Шариф* (примеры 1, 11 и 14)

ПРЕДИСЛОВИЕ

За несколько лет, прошедших с момента защиты моей докторской диссертации «Преднамеренные изменения в рукописях Корана», я получил много вопросов о том, когда эта работа будет опубликована. Задержка была результатом нескольких факторов, прежде всего, моей склонности к перфекционизму, которая заставляет меня бесконечно пересматривать и редактировать материал. Другой фактор - это огромный и растущий объем материала, который у меня накопился.

Книга, которую вы держите в руках, — это небольшая попытка поскорее удовлетворить любопытство тех, кто ждал выхода этой работы, своего рода репрезентативный образец и введение. Публикация на популярном уровне довольно редко предшествует полноценной академической работе, и некоторые меня от этого предостерегали. Мне кажется, что моя ситуация — особый случай, и я рад возможности выпустить этот материал, завершая одновременно с этим более масштабную и тщательную работу.

Следующие страницы я писал так, чтобы меня поняли не только ученые, но и обычные читатели, хотя, я надеюсь, без ущерба для академической целостности. Это небольшая книга, но в нее, как и положено, включены некоторые технические детали. Если вы не специалист, некоторые моменты могут показаться вам слишком сложными. Пожалуйста, не беспокойтесь об этом. И наоборот, если вы академик, вам, возможно, захочется больше подробностей. Если это так, я все же надеюсь, что вы извлечете некоторую пользу из этой работы, но также будете терпеливо ждать, пока я завершу работу над дальнейшими публикациями.

Эта книга не занимается теологическим анализом содержания Корана. Хотя теология является вполне законным предметом изучения и серьезного размышления, я не комментирую на этих страницах высшие духовные вопросы, которые поднимает Коран. В этой книге для этого не место. Моей задачей было представить один аспект текстологической критики Корана, который занимает меня и который я нахожу увлекательным.

Тем не менее, возможно, было бы уместно рассмотреть, *почему* Коран как объект достоин такого внимания, какое значение для большинства людей имеет сам факт существования этой книги, и почему обычным людям может быть интересно узнать об истории ее ранней передачи.

Первое, что следует отметить, это то, что идеи и теология Корана не только оказывали влияние на мировую историю на протяжении более тысячи лет, но и продолжают влиять на жизнь миллиардов людей в наше время. Среди них есть люди, которые верят, что Мухаммад был пророком, и те, кто в это не верит.

Позвольте мне обратиться к нескольким потенциальным категориям читателей, среди которых можете быть и вы, и обсудить, какую пользу может принести тема этой книги для каждой категории.

Во-первых, если вы из тех, кто верит, что Мухаммад был пророком, и вы называете себя мусульманином, Коран — это ваш *kitāb*, ваша священная книга. Конечно, вы это знаете. Рукописи, о которых я веду речь, являются одними из самых ранних сохранившихся свидетельств послания, переданного Мухаммадом. Скорее всего, содержащиеся в них аяты и имел в виду Мухаммад, когда говорил, что Аллах «оказал милость верующим, когда отправил к ним Пророка из них самих, который читает им Его аяты, очищает их и обучает их Писанию и мудрости, хотя прежде они находились в очевидном заблуждении»[1]. По одной этой причине уже имеет смысл проявить любопытство к ранним рукописям. Какие отрывки они содержат? Каковы их физические и текстуальные особенности? Какие существуют варианты одних и тех же текстов, и что это может означать? Что это за исправления и почему они существуют? И так далее. Эти рукописи завораживают меня как ученого и захватывают мое воображение каждый раз, когда я беру их в руки или думаю о том, где и когда они появились на свет. Я могу только представить, насколько особенными они должны быть для человека, который верит, что в них содержатся записи откровения.

Во-вторых, что может представлять интерес для тех, кто не верит, что Мухаммад был истинным пророком, и поэтому не считает Коран откровением от Бога? На это я бы ответил, что в любом случае в этом мире насчитывается около 1,6 миллиарда человек, которые верят, что Мухаммад был пророком, и поэтому в той или иной степени придерживаются его учения и наставлений. В зависимости от того, где вы живете, у вас может быть много общения с такими людьми, или немного, или, возможно, вообще никакого. Но мир постоянно меняется, и идеи оказывают огромное влияние на события, как далекие, так и локальные. Вероятно, вам (если вы попадаете в эту категорию) не обязательно углубляться в литературные или религиозные источники религии Мухаммада, но все же вам стоит иметь достаточный уровень осведомленности об истории и документальном следе основополагающего текста этой мировой религии, Корана, и кое-что об этом можно узнать на следующих страницах. Какие-то работы в этой сфере находятся на переднем крае исследований. Кроме того, на мой взгляд, основные контуры книги, которую вы держите в руках, не так уж трудно уловить даже неарабистам. Попробуйте это сделать!

В-третьих, если вы академик (верующий или неверующий), цель вашей работы — отстаивать истину и стремиться к знаниям. Да, это правда, что у каждого есть причина и мотивация, которые определяют наш интерес к определенному предмету; у вас они свои, у меня — свои. Но чтобы быть хорошим ученым, нужно действовать методологически обоснованными способами и служить общему господину: Истине. Когда речь идет об истории жизни и деяний Мухаммада, о тех, кто отождествлял себя с ним в то время и во время последующих арабских завоеваний, об истории откровения и его передачи, а также о содержании этого откровения, обстоятельствах его передачи и экзегетических ключах, которые, возможно, были даны Мухаммадом и переданы через его сторонников и других лиц, — есть еще много неизученного и существует гораздо больше неопределенности, чем может увидеть большинство некритичных наблюдателей. Как ученые, мы намерены проверить утверждения и пропозиции с целью лучше понять то, что на самом деле произошло или (в зависимости от обстоятельств) что на самом деле было сказано или написано. Мы живем в удивительное время — в академическом плане — для изучения рукописей Корана и их ранней истории. Как ученый, который интересуется этой областью (поскольку вы это читаете), вы, наверное, очень воодушевлены.

В-четвертых, если вы профессионал (верующий или неверующий) в политике, правительстве или средствах массовой информации, вы можете время от времени, а возможно, и все чаще, сталкиваться с утверждениями об исламе, как положительными, так и отрицательными. В зависимости от ваших личных отношений, предубеждений, политических пристрастий и множества других факторов, вы склонны верить тому или иному. Но в любой конкретной ситуации вы можете ошибаться или не знать нюансов. Когда вы говорите, люди слушают вас. Когда вы принимаете политическое решение, оно влияет на других. Хорошее управление, журналистика и руководство другими людьми в идеале опираются на знания и мудрость. Иногда критические или негативные высказывания — даже если они неполиткорректны — могут быть правдой. В других случаях поспешное обобщение — даже при том, что в него приятно верить, — может оказаться неверным или, по крайней мере, потребовать некоторого уточнения. Самым центром ислама является Мухаммад, а центром идентичности Мухаммада для мусульман является его статус Посланника Аллаха. У посланника есть послание, а послание Мухаммада — это Коран; следовательно, его история не может быть несущественным вопросом.

В этой книге, как я уже сказал, не будут рассматриваться более масштабные проблемы ислама. Основное внимание в ней уделяется материальным историческим объектам, которые из-за их особых характеристик, описанных здесь, во многом бросают вызов традиционным заявлениям о передаче Корана. Если вы любознательны (а это хорошее и важное качество в любом человеке, тем более в тех, чьи профессии связаны со знаниями, политикой и мнением), эта книга может заинтересовать вас не только тем, что в ней говорится о рассматриваемом вопросе, но и тем, что можно было бы назвать благочестивым приукрашиванием текстуальной истории Корана. Агиография, приукрашивание истории с целью возвышения ее предмета, случается не только с историческими личностями; она может быть направлена и на предметы. Оставим пока в стороне вопрос о *фактической* природе Корана, как он был получен самим Мухаммадом; скажем лишь, что история Корана как физического предмета с момента его записи до настоящего времени, по-видимому, содержит некоторые элементы агиографии, или подчищения и приукрашивания. Признавать это не обязательно означает подозревать плохие или низкие мотивы, и, конечно, для людей вполне естественно приписывать наилучшие качества тем людям или объектам, которые они очень уважают. Но если мы намерены работать с реальностью, как это заведено или должно быть заведено как у историков, так и у репортеров и законодателей, мы должны быть готовы проверять предположения.

Последние двенадцать лет были для меня настоящим приключением. Я заинтересовался рукописями Корана во время работы над докторской диссертацией на кафедре религиоведения (ныне кафедра религии) Университета Райса в Хьюстоне. Примерно в то же время, возможно, в 2007 году, на конференции в Оксфорде я впервые услышал выступление Кита Смолла, который представлял доклад о текстологической критике Корана. В то время у меня были дальнейшие беседы с Китом на эту тему, и он, со свойственной ему добротой и смирением, согласился стать моим наставником, поскольку в течение следующих нескольких лет я проявлял все больший интерес.

Кит пригласил меня выступить с докладом в рамках дискуссионной группы на ежегодном собрании Ассоциации Изучения Ближнего Востока (MESA) в Сан-Диего, организованном Эмраном Эль-Бадави при председательстве Дэвида

Пауэрса. Я внимательно изучал фотографии рукописей Корана (например, с компакт-диска ЮНЕСКО «Рукописи Корана из мечети Саны») и обнаружил очень интересную страницу с двумя исправлениями и одним явно неканоническим вариантом, который не был исправлен. Я осветил эти находки в своем документе для конференции.

Во время перерыва между сессиями на этой конференции мы с Китом разговаривали в гостиной его номера в Grand Hyatt (из него открывался вид прямо на залив, а день был солнечный и прекрасный), и Кит показал мне пару фотографий, которые привлекли мое внимание: это были снимки страницы рукописи Корана, на которых были довольно драматичные и пространные исправления. Это были не просто несколько букв или одно слово, а затертые подчистки длиной более полной строки. Эти фотографии меня заворожили и удивили.

Будучи окончательно заинтригованным, я решил подробнее рассмотреть раннее развитие письменного Корана в своей докторской работе, сначала решив, что хочу написать свою диссертацию о чем-то в области текстологической критики, связанной с этими рукописями в целом, включая исправления. Когда я начал этот проект, я стал находить и другие исправления и вести их учет. В 2011 году я совершил крупную исследовательскую поездку в Европу и на Ближний Восток, чтобы ознакомиться с рукописями. Хотя моей первоначальной идеей для диссертации было написать о раннем развитии Корана в письменной форме, я начал серьезно задумываться о том, чтобы писать только об исправлениях. Я еще раз связался с Китом и спросил его мнение об этом направлении. Он сказал, что это была бы очень хорошая тема, поэтому я рассказал Дэвиду Куку и моему отделу о новой теме, которой я намеревался заниматься.

Остальное стало уже историей. Я успешно защитил свою диссертацию и получил докторскую степень в Университете

Райса в апреле 2014 года и с тех пор продолжаю свои исследования в этой области. В своей диссертации я задокументировал около 800 физических исправлений, но к настоящему времени я нашел уже тысячи, и конца этому не видно.

На что указывают эти исправления? Вы увидите мои собственные краткие замечания об этом в заключительной главе.

Конечно, я отдаю себе отчет в том, что моя работа имеет дело с вопросами, которые являются для многих людей предметом глубокой веры и вопросом культурной и личной чести, поэтому стоит остановиться на этом аспекте подробнее.

Вопрос об исправлениях в рукописях Корана, очевидно, затрагивает вопрос о том, является ли тот текст, что мы имеем сейчас, истинным и полным отражением того, что было передано Мухаммадом в первой половине седьмого века нашей эры[2]. Этот вопрос отличается от (также важного) вопроса о том, был ли Мухаммад пророком, то есть, исходят ли эти откровения от Бога. Книга, которую вы держите в руках, как и содержащийся в ней материал, ничего не говорит о том, был ли Мухаммад пророком. Она имеет дело исключительно с вопросами об изначальной форме Корана и о целостности его передачи на самых ранних этапах после смерти Мухаммада. Изучая эти вещи или говоря о них, я не пытаюсь задеть чьи-либо чувства. Что я хотел бы сделать, и как человек, и как ученый, так это проверить предположения и следовать за доказательствами туда, куда они ведут. Я полагаю, что этим путем стоит следовать, и поэтому я приглашаю вас также пройти по этому пути.

Как упоминалось ранее, скоро появятся мои более обширные работы; я действительно надеюсь, что заинтересовавшиеся читатели будут терпеливо ждать и тепло примут их, когда они вскоре, с Божьей помощью, будут опубликованы.

В конце этой книги приведен список для дальнейшего чтения.

Дэниел Алан Брубейкер

Май 2019

---

1. Guillaume, A., *The Life of Muhammad: A translation of Ibn Isḥāq's* Sirāt Rasūl Allāh, (Оксфорд: Oxford University Press, 1955), 398. См. также Коран 3:164.
2. Примечание об условностях датировки: на протяжении всей книги я ссылаюсь на даты по Григорианскому (солнечному) календарю, то есть "н.э." и "до н.э.". Многие читатели, вероятно, знают, что существует также исламский лунный календарь, который ведет отсчет от года переселения Мухаммада и его общины из Мекки в Медину, 622 года н.э., события, называемого «Хиджра». Его даты указаны в (лунных) годах как "год Хиджры", или Г.Х. Во многих научных книгах, посвященных предметам, связанным с исламом и его историей, даты указаны как в «нашей эре» ("н.э."), так и по Хиджре. Для простоты и удобства обращения к календарю, знакомому большинству читателей, я решил не делать этого в английском или русское издание. Если читатель желает найти соответствующие даты хиджры в каждом конкретном случае, сегодня существует множество бесплатных мобильных приложений и онлайн-калькуляторов, которые делают все намного проще.

ПРИЗНАТЕЛЬНОСТЬ

Мою работу над рукописью Корана сделали возможной и приятной многие люди, но есть некоторые, кого я просто не могу не упомянуть по имени.

Во-первых, я благодарен моему научному руководителю Дэвиду Куку и покойному Киту Смоллу, моим академическим наставникам и одновременно дорогим друзьям. Я также благодарен за руководство и дружбу покойному Эндрю Риппину; я особенно признателен ему за то, что он почтил меня своим присутствием в докторском комитете.

Мне открыли двери своих учреждений, в которых хранятся рукописи, многие владельцы, кураторы, смотрители и сотрудники, и я благодарен им всем, в том числе следующим: Ольге Васильевой и сотрудникам Отдела рукописей Российской национальной библиотеки; Сью Каукджи и ее команде в Музее Дар (Кувейт); доктору Муниа Чехаб Абудайя, Марку Пеллетро и всему персоналу Музея Исламского Искусства в Дохе; Мари Женевьев Гесдон из Национальной библиотеки Франции; Аласдэру Уотсону и сотрудникам читального зала специальных коллекций Оксфордского университета; Кэтрин Ансордж и Ясмин Фагихи из библиотеки Кембриджского университета; Элейн Райт из библиотеки Честера Битти (Дублин); Колину Бейкеру за предоставление мне как собственно рукописи BL2165, так и личного экземпляра его факсимильного издания этой рукописи в сентябре 2013 года в Британской библиотеке; Самару

Аль Гайлани из Бейт Аль Курана, а также его куратору Ашрафу Аль Ансари; доктору Халиту Эрену в Стамбуле за его гостеприимство в 2011 году и IRCICA[1] и доктору Тайяру Алтыкулачу (с которым мне еще предстоит встретиться) за его замечательную работу по подготовке турецких факсимильных изданий важного масахифа Корана; ISAM; Управлению мусульман Узбекистана за их помощь во время моего визита в Ташкент в 2016 году; и Амалии Жуковской и Алле Сизовой из Института восточных рукописей в Санкт-Петербурге за их помощь во время моих нескольких визитов.

Среди коллег, которые предложили помощь и/или гостеприимство в этой работе, были Ефим Резван, Герд-Р и Элизабет Пуин (которые принимали меня в качестве гостя и пригласили снова), Альба Федели и Франсуа Дерош.

Я также посылаю привет коллегам как из Ассоциации исламских рукописей (в частности, Дэвидсону Макларену), так и из Международной Ассоциации Изучения Корана (в частности, Эмрану Эль-Бадави).

Мы с Латой в личном долгу перед Джошуа Лингелем за его постоянную поддержку на протяжении многих лет. Это наш дорогой друг.

В 2012 году, узнав об уникальном опыте и длительной работе Томаса Мило в области исторически и научно обоснованной арабской типографии и кодировки, я обратился к нему за разработкой решений, столь необходимых для моих собственных нужд, связанных с рукописями Корана, в частности, в исследовании *расма*[2] с неоднозначным вариантом прочтения. В течение следующих двух лет мы продолжали говорить об этом и говорим до сих пор. Сегодня я воодушевлен тем, что вижу плоды, во многом благодаря ясному нестандартному мышлению и эстетическому чувству, которыми обладает он и Мирьям, которые стали нашими друзьями. Я очень благодарен. Они добрые, умные и талантливые люди.

Я благодарен моим друзьям и коллегам Рою Майклу Маккою III (доктору философии по состоянию на январь 2019 года) и Джошуа Фальконеру, которые на этапе после докторантуры оказали мне огромную помощь, среди прочего, в переносе моих исследований из заметок и фотографий в базу данных, которую я разработал с целью организации и хранения этого материала; для меня было честью работать бок о бок с ними и другим моим коллегой и другом, Энди Баннистером, чьи таланты и энергия, кажется, не знают предела.

Есть люди, которые прочитали эту книгу и дали на нее полезные рецензии, что не раз спасало меня от весьма неловких ситуаций. Я должен искренне поблагодарить каждого из них: Марийн ван Путтен, Герд-Р. Пуин, Асма Хилали и Марк Дьюри. Кроме того, я благодарю Лию Гарбер за ее тщательную вычитку по грамматике, пунктуации и стилю.

Наконец, я благодарю мою дорогую (также талантливую, высокообразованную, добрую и красивую) жену Лату за то, что она была моим партнером в работе всей жизни. Я также благодарю своих родителей, Алана и Сьюзен Брубейкер, а также ее родителей, Аннамму и покойного Джефриса К. Сэмюэля, за то, что они произвели нас на свет, воспитали с большой любовью и самопожертвованием, и особенно за помощь в течение долгих часов и дней моей докторской работы и другой деятельности.

При всем этом, последующая работа является моей собственной, и я беру на себя ответственность за те недостатки, которые в ней еще остались. Я надеюсь, что для всех читателей это станет приятным и информативным введением в увлекательную тему.

———

1. Research Centre for Islamic History, Art and Culture - Исследовательский центр исламской истории, искусства и культуры. - Прим. пер.
2. В конце книги имеется словарик с определением специализированных терминов, включая и этот. Расм, в моем понимании, это основная форма арабского консонантного текста, без точек и кратких гласных.

1
ВВЕДЕНИЕ

Ранние рукописи Корана содержат множество физических изменений или исправлений[1]. К нынешнему моменту я зафиксировал тысячи подобных изменений в результате тщательного изучения этих рукописей, в основном личного. Эта книга задумана как обзор этих изменений, с примерами, иллюстрирующими общий характер исправлений в рукописях. В последующих работах я более подробно расскажу об этих исправлениях.

О РАННИХ РУКОПИСЯХ КОРАНА

С первых нескольких столетий существования Корана сохранилось множество фрагментов рукописей. Многие из важных ранних рукописей теперь доступны таким ученым, как я, в результате таких политических обстоятельств, как кампания Наполеона в Египте и Сирии, которая сопровождалась привлечением таких ученых, как Жан-Жозеф Марсель[2]; или же в результате бесстрашных усилий таких людей, как Жан-Луи Асселин де Шервиль[3], Агнес Смит Льюис и Маргарет Данлоп Гибсон[4], Честер Битти[5], Эдвард Генри Палмер[6] и другие люди, которые приобретали и сохраняли эти предметы. На самом деле, в сборе и хранении этих рукописей участвовало много разных людей, и это лишь некоторые из важных имен, связанных с манускриптами в западных академических библиотеках. Есть еще много рукописей, хранящихся в целости и сохранности (другие, к сожалению, подверглись опасности из-за войн и других политических нестабильностей) в учреждениях по всему миру, и за всеми ними стоят истории и личности. На протяжении ряда лет мне потребовалось много времени и усилий, чтобы узнать местонахождение многих таких рукописей, и я уже имел честь увидеть многие из них, включая те, которые, вероятно, были созданы в VII и VIII веках нашей эры, в библиотеках и музеях по всему миру.

За некоторыми очень важными исключениями — в первую очередь, копии Корана, которые, по преданию, были сожжены третьим халифом, Усманом, и которые, следовательно, были навсегда утеряны, — у нас имеется большое количество ранних рукописей Корана, датируемых довольно ранним периодом. Почему сохранилось так много рукописей Корана, относящихся к первому и второму векам после жизни Мухаммада? В дополнение к относительной недавности этого откровения[7] по сравнению (например) с библейскими писаниями, есть еще две основные причины.

Во-первых, к VII веку нашей эры (Мухаммад, согласно источникам, жил с 570 по 632 год) для письма, особенно для книг, широко использовался пергамент[8]. Пергамент — это кожа животного, и в отличие от папируса, который обычно распадается в течение 100-200 лет, документы, написанные на пергаменте, могут сохраняться тысячи лет. Они не всегда служат так долго, поскольку на их срок службы влияют другие факторы, такие как кислотность чернил, используемых для письма, качество и толщина самого пергамента, а также влажность и другие факторы окружающей среды, в которой хранился документ. Но в целом относительная стабильность пергамента привела к тому, что сохранилось очень большое количество рукописей Корана, сделанных в этот важный ранний период, которые мы можем изучить.

Второй важной причиной того, что сохранилось так много ранних рукописей Корана, является тот факт, что начиная с середины VII века нашей эры (то есть первого века после Мухаммада), они создавались в политической среде, которая рассматривала книгу в позитивном свете. Правящие власти в этих регионах не относились враждебно к Корану, в отличие от ситуации с Новым Заветом в течение первых двух столетий христианства. В арабских империях, которые ко второй половине VII века простирались на огромную территорию от Пиренейского полуострова и Магриба на западе до Азербайджана на Востоке, владеть копией Корана не было опасно, и эти рукописи обычно не уничтожались, если их обнаруживали. На самом деле владение таким предметом было признаком статуса, богатства и благочестия. Эти копии делались очень тщательно и стоили больших затрат. Нанимали профессиональных переписчиков и использовали хорошие материалы — лучшее, что мог позволить себе человек, заказавший копию. С течением времени изготовление Коранов само по себе превратилось в искусство с точными правилами геометрии, измерений и формы букв. Иллюминированные заставки создавались в различных цветах с использованием сусального золота. Это были предметы роскоши, которые занимали видное место и открыто выставлялись в мечетях, дворцах и частных резиденциях.

КАК ДАТИРУЮТСЯ РУКОПИСИ

Первый вопрос, который люди обычно задают, просматривая одну из таких рукописей, это: «Сколько ей лет?» Конечно, мы хотим знать, когда была создана рукопись, потому что ее дата позволяет нам (а) лучше понять, что этот объект может рассказать нам о своем времени, и (б) применить то, что мы, возможно, уже знаем об этом периоде, в качестве линзы, помогающей нам понять, что происходит в самой рукописи. Итак, датировка очень важна.

Было бы неплохо, если бы к каждой рукописи прилагалась этикетка с указанием времени ее создания. На самом деле, в более поздних рукописях Корана стало обычным включать колофон с такой информацией, как имя переписчика и дата изготовления. К сожалению, на рукописях первых нескольких столетий таких аккуратных и четких указаний нет.

Таким образом, эти рукописи датируются с учетом той информации, которой мы располагаем, и обычно это включает в себя такие вещи, как *палеография* или изучение развития стилей письма. У нас есть хорошее представление о том, когда использовались определенные стили письма и определенные изменения в способах написания на арабском языке, и поэтому эта деталь рукописи очень важна. Классификация стилей письма, которые сегодня являются стандартом, была создана Франсуа Дерошем в 1980-х годах. В целом, стили письма, перечисленные в приблизительной хронологии их *первого применения*, следующие: «хиджази» или «mā'il» (эти два термина используются взаимозаменяемо), O, A и B.Ia (аналогичное время происхождения), C, B.II, D, E, F и «Новый стиль» [9]. Эти стили пересекаются; например, один был на подъеме, в то время как другой все еще использовался или приходил в упадок, и даже это утверждение учитывает только хронологический аспект; несомненно, свою роль играют также региональные и экономические факторы. Большинство из этих стилей имеют подкатегории. Это не точная наука — например, нередко какая-то рукопись соответствует какому-то описанию стиля у профессора Дероша по большинству характеристик, но не по всем — и это никого не должно удивлять, ведь нужно помнить, что писцы были людьми (личные стили писцов легче всего прослеживаются в более ранних рукописях) и что изменения наступали с течением времени и в ходе географического распространения.

Самые ранние рукописи Корана, особенно в стилях «хиджази» или «mā'il», были написаны без диакритических знаков или лишь с редкими диакритическими знаками для устранения неоднозначности в архиграфемах. Однако это не означает, что единственным способом устранения неоднозначности в архиграфемах были диакритические знаки. На самом деле, появилась система написания арабского *расма*, которая позволяла точно устранять двусмысленность без этих посторонних знаков, и Томас Мило назвал эту систему «грамматикой шрифта»[10].

Вторым полезным признаком могут быть особенности страницы или книги, выходящие за рамки самого текста. Изучение этих особенностей называется *кодикологией*[11]. Кодикология задается следующими вопросами: каков материал для письма? Формат страницы вертикальный или горизонтальный? Каковы размеры страницы или книги? Сколько строк на каждой странице? На всех ли страницах одинаковое количество строк, или это количество различается? Как разделены стихи и главы, и какие знаки для этого используются? Какие чернила были использованы? Украшена ли страница миниатюрами или другими графическими элементами, включая дополнительные пометки для обозначения кратких гласных? Если да, то какие цвета были использованы и какие формы, стили или конкретные типы элементов присутствуют? Выровнены ли строки на страницах? Существуют ли поля, или же строки покрывают всю страницу? Как сшита (или была сшита) книга воедино? Какой использован вид переплета? Эти и другие особенности могут предоставить информацию, дающую дополнительные подсказки относительно возраста рукописи.

Третий метод датирования, вероятно, самый известный:

это радиоуглеродный метод. Этот метод может быть применен ко всему органическому. Органика - это все, что когда-то было живым, то есть весь растительный или животный материал. Пергамент имеет такое происхождение, а значит, его можно протестировать с помощью этого метода. Принцип работы радиоуглеродного метода заключается в том, что радиоактивный изотоп углерода присутствует во всех живых существах и, когда живое существо умирает, его ткани начинают медленно распадаться с предсказуемой скоростью. Подвергая пергамент такому тестированию, можно получить временной диапазон для датировки, основываясь на предположении о том, когда было еще живо животное-источник (в данном случае, скорее всего, коза или овца).

Очевидно, что выявленный радиоуглеродным методом временной диапазон не позволяет определить, когда был написан пергамент, но мы обычно предполагаем, что вряд ли пергамент хранился целые десятилетия, прежде чем на нем решили что-то написать.

Радиоуглеродное датирование не является абсолютно точным способом датирования рукописей. Некоторые рукописи с известной датой происхождения (например, с колофоном или каким-либо другим явным указанием времени написания) при использовании радиоуглеродного метода показали дату на сто или более лет отличную от известной нам фактической даты его изготовления. Следовательно, ко всем этим методам следует относиться с осторожностью, и в большинстве случаев лучше всего использовать все известные признаки (палеографию, кодикологию и радиоуглеродное датирование, если оно доступно) и сопоставить их друг с другом[12].

ПРОИСХОЖДЕНИЕ РУКОПИСИ

Имея дело с любым древним артефактом, нам важно рассмотреть всю доступную информацию о нем. На первый взгляд может показаться, что нам удастся определить все важное в рукописи просто по ее физическим деталям: что в ней говорится, о чем не говорится, как она была написана, как оформлена, какой применен материал, какие использовались чернила, как была сшита книга, была ли страница разлинована, и так далее.

Однако для историков также очень важен *контекст*, в котором создавалась рукопись. Всегда существует контекст, в котором что-то было создано, и были контексты, через которые эти объекты передавались до того, как их открыли (или повторно открыли) ученые и даже после их открытия. К сожалению, мы не можем вернуться во времени к моменту и месту их создания, поэтому очень полезно знать, по крайней мере, где и кем был найден манускрипт, и через какие руки он прошел с того времени. Место, где была найдена рукопись, может дать дополнительные сведения о том, где она была создана, в какой период времени и кем, а также о том, как она использовалась, когда была в хождении. Большинство рукописей, обсуждаемых в этой книге, не были найдены на недавних археологических раскопках, а были обнаружены в мечетях, библиотеках или частных семейных коллекциях; они передавались из поколения в поколение, и в какой-то момент (например) попали на прилавок блошиного рынка или торговца антиквариатом, а затем были проданы сведущему покупателю. Тем не менее, знать цепочку владельцев важно по нескольким причинам, например, по необходимости подтверждать подлинность подобных объектов в нашем мире, где ценность таких предметов иногда приводит к подделкам. Очевидно, что мы не хотим основывать наши исторические исследования о прошлом на предметах, которые не являются подлинными.

В этой книге я не буду углубляться в происхождение рукописей, но скажу, что большая часть современной истории представленных рукописей задокументирована, и что учреждения часто с осторожностью относятся к предметам, происхождение которых не подтверждено или вызывает сомнения. Более того, как только создается изображение объекта, например, фотография, это изображение также становится объектом. Кто сделал этот снимок, где и когда? Всегда, когда это возможно, следует называть фотографа, независимо от того, является ли он сотрудником музея или исследователем вроде меня, которому был разрешен доступ к документу. Это делается как для того, чтобы отдать должное, так и для того, чтобы описать контекст объекта с должной тщательностью.

Важно, наконец, понять, что сомнительное происхождение не означает, что объект не является подлинным или что к нему не следует относиться серьёзно. Наличие надежной цепочки хранения также не всегда означает, что древний предмет должен быть подлинным, хотя это и усиливает доводы в пользу его подлинности. Внимание к происхождению — это всего лишь одна из лучших практик в археологии, которая помогает нам выполнять качественную работу и избегать ненужных ошибок.

ВАРИАНТЫ СОГЛАСНЫХ

Оставляя пока в стороне вопрос исправлений на странице, отметим, что в ранних рукописях Корана существуют вариации в консонантном тексте, записанном одними согласными (по-арабски это называется *расм*). Традиционный способ объяснить это изменение состоит в том, что эта вариативность была одобрена самим Мухаммадом и представлена в вариантах прочтения, называемых qirāʾāt (кираат). На самом деле, эти варианты чтения отличаются от *расма*, и в большинстве случаев они ни в малейшей степени не зависят друг от друга. Более того, история кодификации или (если угодно) канонизации этих чтений намного сложнее и, согласно недавней работе Шейди Нассера[13], в меньшей степени объясняется историческими корнями, подтверждающим каждое конкретное чтение, чем прагматическими, практическими или политическими соображениями. Короче говоря, утверждает Нассер, эти варианты прочтения были выбраны для того, чтобы дать географическую репрезентацию во времена Ибн Муджахида (конец IX и начало X века нашей эры) в различных городах, из которых он их получил, и не обязательно на основе самой сильной множественной аттестации, как обычно предполагается.

Еще одна трудность для чтения заключается в том, что консонантные тексты некоторых важных монументальных ранних рукописей, таких как рукопись Топкапы, Стамбульский и Каирский *мусхафы*, отражают не какой-то единый региональный *расм*, а скорее то, что можно назвать сочетанием региональных *расмов*[14]. Этот факт побудил составителя их факсимильных изданий, доктора Тайяра Алтыкулача, описать эти манускрипты в виде приблизительного процентного соотношения, когда речь заходит об их соответствии различным региональным стандартам *расма*. Такое обстоятельство не обязательно несовместимо с существованием региональных кодексов, но, по-видимому, оно указывает на более сложную картину, требующую дальнейшего изучения и объяснения.

Тем не менее, многие из тысяч исправлений, которые я задокументировал, по-видимому, не имеют ничего общего с данными, засвидетельствованными во вторичной литературе. Таким образом, исправления должны представлять собой, по крайней мере, в некоторых случаях другое явление, такое как, возможно, большая степень вариативности текста Корана в первые века его существования (время первого создания этих рукописей), чем задокументировано в литературе по кираатам.

ОБЩИЕ ЗАМЕЧАНИЯ ПО ПОВОДУ ИСПРАВЛЕНИЙ

Вы ознакомитесь с подробностями исправлений в следующей главе, но не получите полного представления об относительной распространенности различных типов исправлений или других их особенностей, так что приведу здесь общий обзор. При исправлении что-то добавляется (вставка), удаляется (стирается), заменяется (имеется новая запись поверх стертого, поверх заклеенного, или запись идет прямо по тексту без стирания) или (возможно) скрывается. Исправления могут быть классифицированы другими способами, но эти термины обобщают механическую сторону вопроса. Я кратко рассмотрю последнюю категорию в конце следующей главы.

В большинстве случаев я обнаружил, что исправления в рукописи Корана приводят к тому, что эта рукопись в момент исправления соответствует *расму* стандартного каирского издания 1924 года. Эта закономерность важна и показывает общее движение с течением времени к конформизму, хотя и не сразу к полному конформизму. Возникают интересные вопросы, когда в одном месте рукопись исправляется, но в других местах сохраняется расхождение (слово "расхождение" предполагает стандарт, и я использую его здесь просто из практических соображений) с каирским изданием 1924 года. Мы подробнее обсудим этот сценарий позже.

Иногда исправление уводит рукопись в сторону от соответствия ныне стандартному *расму*. Первое, что следует учитывать, когда это наблюдается, — соответствовала ли коррекция региональному варианту, и для ответа на этот вопрос можно обратиться к дополнительной литературе. Очень редко исправление действительно приводит рукопись в несоответствие с каким-либо задокументированным вариантом или прочтением, поэтому такие случаи особенно интересны.

Поскольку все исправления отличаются по своей природе и значению, было бы ошибкой делать выводы на основе голых цифр, но для общей информации приведем приблизительный процентный состав изученных исправлений на данный момент[15].

- Запись поверх стертого текста — около 30%
- Вставка — около 24%
- Запись поверх текста без стирания — около 18%
- Просто стирание — около 10%
- Запись поверх закрытого текста — около 2%
- Закрытый текст — около 16%

Есть более важные факторы, чем механический способ внесения изменений, и они включают в себя очевидную причину (причины) их внесения, сроки их внесения по сравнению с моментом создания рукописи, их объем и то, что именно было изменено. Соответствующие вопросы, касающиеся этих факторов, и многое другое, будут обсуждаться в конце этого введения.

ГДЕ НАХОДЯТСЯ ЭТИ РУКОПИСИ СЕГОДНЯ?

Из-за таких факторов, как климат в регионе изготовления и материал, на котором они обычно писались (пергамент), очень большое количество ранних рукописей Корана пережило столетия и существует в частных и государственных коллекциях. Моя собственная работа за последние десять лет включала захватывающий процесс открытия (помимо многого другого) еще и того, где они находятся. Теперь у меня есть собственный длинный список, и во время моих путешествий я изучал большие и маленькие коллекции рукописей. Несомненно, есть много таких, о которых мне еще предстоит узнать, в том числе и из частных коллекций.

Но с точки зрения общего понимания, что и является целью этой книги, эти рукописи существуют в различных университетских и национальных библиотеках, таких как Кембридж, Оксфорд, Бирмингемский университет, библиотека Джона Райлендса в Манчестере и Берлин, а также в музеях по всему миру, таких как Музей исламского искусства в Дохе, музей Тарек Раджаб и музей Дар-Эль-Атар-Аль-Исламийя в Кувейте, Британская библиотека в Лондоне, библиотека Честера Битти в Дублине, Бейт Аль Коран в Манаме, Институт востоковедения имени Беруни в Ташкенте — вот лишь некоторые из них. Мы также выражаем благодарность меценатам и частным коллекционерам, таким как Нассер Д. Халили, которые собрали и сохранили эти предметы и которые предоставляют их ученым для изучения.

ИСТОРИЯ КОРАНА (ТРАДИЦИОННАЯ)

Традиционная версия ранней истории Корана дошла до нас главным образом через вторичную литературу, которая была записана начиная с последних десятилетий VIII века (то есть примерно через 150-160 лет после смерти Мухаммада). Эти литературные произведения, хотя и более отдаленные во времени от описываемых ими событий, чем мы могли бы надеяться, не лишены достоинств, но разные ученые и историки подходили к ним по-разному. Я подробнее рассмотрю этот вопрос позже; первое, что нужно сделать, — это изложить в общих чертах традиционную версию, то есть то, что большинство мусульман и большинство случайных наблюдателей принимают как факт. Вот она.

Мухаммад родился в 570 году нашей эры в Мекке. Его отец умер до его рождения, а мать умерла, когда Мухаммад был еще совсем маленьким. С тех пор Мухаммада воспитывал его дед, а затем и дядя. Будучи молодым человеком, Мухаммад поступил на работу к мекканской предпринимательнице по имени Хадиджа, которая была значительно старше его. Когда ему было 25, она сделала ему предложение, и он согласился на ней жениться.

В возрасте 40 лет Мухаммад проводил время в одиночестве в пещере на холмах неподалеку от Мекки, куда он иногда отправлялся в поисках тишины. Внезапно он столкнулся с внушительным существом, которое, казалось, закрывало все небо. Оно крепко схватило его и дало повеление: «Икра!» («Читай»), на что он ответил: «Что мне читать?» Это происходило трижды, и каждый раз существо хватало его еще крепче. Традиция гласит, что после третьего раза из его уст начали исходить первые откровения — часть того, что сейчас является Кораном.

Мухаммад вернулся домой весь в поту, не понимая, что только что произошло. Именно его жена Хадиджа сообщила ему, что это был ангел Гавриил и что Мухаммад был посланником Бога.

Эта первая встреча произошла в 610 году нашей эры. В течение следующих 22 лет (23 или около того по лунному календарю) Мухаммад продолжал время от времени получать откровения. Иногда они были длинными, а иногда короткими. Иногда они были близки друг к другу, а в других случаях между откровениями проходили длительные ромежутки времени. Когда Мухаммад получал откровение, он обычно начинал произносить его публично, например, в своих молитвах. Некоторые из тех, кто стал верующим, также слушали, запоминали и цитировали его, таким образом записывая и передавая откровения устно. Существуют также хадисы, в которых говорится, что Мухаммад приказывал своему личному секретарю Зайду ибн Табиту записывать откровения всякий раз, когда он их получал.

Утверждают, что ко времени смерти Мухаммада в 632 году нашей эры откровения были записаны на различных отдельных предметах, таких как пальмовые стебли, камни и кости животных. Они были собраны вместе, скомпилированы и систематизированы примерно в это же время и написаны в виде книги (по-арабски *мусхаф*).

В течение следующих двух десятилетий, как утверждают более поздние источники, возникли разногласия по поводу некоторых частей Корана, которые были достаточно значительными, чтобы потребовалось разрешить вопрос путем изготовления авторитетных копий и уничтожения тех, которые считались измененными. Считается, что этот процесс был предпринят третьим халифом, Усманом, который умер в 656 году нашей эры. Он заказал изготовление нескольких авторитетных копий и разослал их по главным центрам увеличившейся арабской империи, которую он курировал.

Конечно, то, что Усман исключил варианты, — это еще не конец истории, даже для того периода времени, к которому относятся рукописи, рассматриваемые в этой книге. Эти рукописи датируются IX или, возможно, X веками. Нам не нужно здесь описывать всю эту историю, но я должен упомянуть о некоторых важных событиях. К концу VII века арабы завоевали территорию от Азербайджана на востоке до центра Пиренейского полуострова (через Северную Африку) на Западе. Под «завоеванием» мы подразумеваем, что они получили политический контроль над регионами, а не то, что они осели там или заселили сельскую местность и все эти территории. В течение последующих десятилетий и столетий религия Мухаммада проникала в эти районы более постепенно и органично.

Существовало соперничество и династические перемены,

которые происходили как на региональном уровне, так и во времени. Нет необходимости описывать все это здесь; некоторые основные моменты включают начало династии халифов Омейядов со смертью Али, четвертого халифа, который также был двоюродным братом и зятем Мухаммада, в 661 году нашей эры. Омейяды удерживали власть над большей частью Арабского королевства до революции Аббасидов в 750 году н.э., а Аббасиды, хотя и меняли столицы (Багдад, Куфа, Самарра и т.д.), удерживали власть до середины XIII века.

СЛОЖНЫЕ ВОПРОСЫ

Некоторые аспекты Корана и некоторые аспекты исторических записей в более широком контексте его передачи, включая подробности о людях и событиях первого века ислама, являются загадкой для историков. По большей части язык Корана несложен. Однако в нем содержатся слова и обороты, которые, по-видимому, были непостижимы даже для верующих толкователей, живших в ранние века его истории. Среди них есть слова, о значении которых даже первым комментаторам приходилось лишь догадываться.

Конечно, в том, что книга, претендующая на звание откровения от Бога, содержит тайны, не было бы ничего удивительного. Некоторые люди, однако, подняли вопрос о том, как такое обстоятельство может быть согласовано с внутренним утверждением Корана о том, что он был ниспослан на «ясном (мубинском) арабском языке» (С16:103)[16].

Девин Стюарт, рассматривая слова, нарушающие рифмовую структуру отрывка, допускал возможность того, что в какой-то момент *расм* был в некоторых местах неправильно использован более поздним поколением, у которого не было доступа к полной и неразрывной устной традиции[17]. Подобная теория, если она верна, изменила бы традиционные представления об истории передачи Корана. В любом случае, обширный пересмотр имеющейся расстановки знаков в тексте Корана, то есть серьезный ревизионизм, вероятно, не оправдан. Тем не менее, я думаю, что было бы вполне уместно рассматривать текст так, как это делает Девин, и рифмующиеся слова были бы просто маркерами, которые указывают на более значительный феномен. Если это произошло со словами, которые должны рифмоваться, вполне можно предположить, что это произошло и в других местах — и логичным следующим шагом было бы рассмотреть слова, которые сегодня представляют трудности для толкователей или кажутся неуместными. Нельзя ли прочитать *расм* таким образом, который имеет смысл, но выходит за рамки общепринятой традиции чтения? Этот вопрос тоже уже поднимался[18].

Далее приведем еще несколько примеров, указывающих на интересные вопросы и проблемы, которые критически настроенные ученые пытались решить в последние годы:

1) **Топография и другие особенности Мекки**, судя по всему, не соответствуют описаниям в Коране. Сам Коран не богат повествовательными подробностями, но это не означает, что в нем полностью отсутствуют описания. Если присмотреться повнимательнее, то можно сделать несколько существенных наблюдений. Например, покойная Патриция Кроун обратила внимание на сельскохозяйственные подробности в С36, которые включают в себя зерно, финиковые пальмы и виноград, а также бьющие источники, причем некоторые отголоски этих упоминаний о сельском хозяйстве появляются и в С56. Эти описания связаны с местными язычниками, которых Аллах велел Мухаммаду предостеречь. Она отмечает множество других упоминаний о сельском хозяйстве, большинство из которых кажутся оторванными от реальности жизни в Мекке[19].

2) **Археология Мекки**, по-видимому, не подтверждает

традиционные утверждения о том, что место, где вырос Мухаммад и получил откровения, было местом, где происходили взлет и падение многих предыдущих цивилизаций.

3) Лингвистические особенности Корана, по мнению некоторых лингвистов[20] (но не всех[21]), поднимают вопросы о месте его происхождения. Нельзя утверждать, что эти вопросы полностью расходятся с общим традиционным повествованием, но и нельзя сбрасывать их со счетов.

4) **Кибла**, или направление молитвы, обозначается ориентацией стены мечети, в которой находится михраб, ниша в стене, обозначающей это направление. Один недавний исследователь, Дэн Гибсон, отметил, что сохранившиеся фундаменты всех самых ранних мечетей примерно до 706 года нашей эры указывают вовсе не на Мекку, а значительно дальше на север[22], и, похоже, это действительно так. Он обнаружил, что после 706 года кибла стала обозначаться в направлении дальше на юг от первоначального направления, но все еще к северу от Мекки, и первая обнаруженная им киблы, указывающая на Мекку, датируется примерно 727 годом нашей эры. Более того, в литературе того времени засвидетельствован некоторый процесс развития направления молитвы, с некоторыми указаниями на то, что сначала направление было просто на восток[23], хотя эти источники расходятся с другими, которые указывают на то, что Мухаммад указывал киблу сначала в сторону Иерусалима, а затем в определенный момент своего правления в сторону Мекки[24]. Время покажет, к чему приведут исследования по этому вопросу, поскольку все больше внимания уделяется согласованию археологии с современной исторической литературой и другими источниками.

Очевидная разница между тем, что говорится по этому вопросу в «Биографии Мухаммада» (написанной Ибн Исхаком и переработанной Ибн Хишамом), и тем, что можно увидеть в фундаментах мечетей, подчеркивает более масштабную и довольно хорошо известную проблему, которая будет упомянута позже: достоверность существующей вторичной литературы, такой как истории, сборники хадисов, биографические рассказы и так далее. Существует обширная литература на арабском языке VIII и IX веков, рассказывающая об истории предыдущего столетия, но эти документы содержат внутренние противоречия, и порой у нас нет четкой подсказки для определения того, какая сторона (если таковая имеется) противоречивой версии правдива. Подобные одинаково "надежные" описания, которые при этом противоречат друг другу, встречаются довольно часто[25].

5) **Рукописи** подтверждают некоторые аспекты традиционного повествования, такие как приблизительный период времени, в течение которого были написаны коранические материалы (например, у нас есть фрагменты рукописей Корана, которые, по-видимому, датируются серединой VII века), и они часто подтверждают существование многих различных чтений, которые засвидетельствованы во вторичной литературе следующего столетия, но другие особенности представляют собой загадку и нуждаются в некотором прояснении.

Во-первых, многие рукописи не следуют единому прочтению, а скорее, — на взгляд человека, который смотрит с точки зрения документированных канонических чтений, — как будто бы соответствуют то одному чтению, то другому, без всякой закономерности. Это не проблема, но это порождает вопрос: "Какое место занимали разные варианты чтения во время создания этих манускриптов?"

Во-вторых, существуют целые страницы пергамента, которые были промыты или иным образом очищены от коранических материалов, а затем переписаны заново. Эти листы, называемые *палимпсестами*, являются наиболее обширными исправлениями, дошедшими до нас. Самое замечательное в этих документах то, что во многих случаях первоначальный текст, написанный на этих страницах, можно различить либо невооруженным глазом, либо с помощью специальных технологий. Я не придавал им особого значения в своем исследовании, поскольку с ними работали такие люди, как Альба Федели, Элизабет Пуин, Асма Хилали, Элеонора Селлар, Бехнам Садеги и Мохсен Гударзи, но я буду ссылаться на них по мере необходимости в последующих работах.

В-третьих, учитывая монументальный характер того, что, согласно преданию, третий халиф, Усман, сделал со стандартизацией текста (подавление вариантов путем сожжения или других средств уничтожения и изготовление авторитетных копий, которые затем должны были служить образцами и стандартами, по которым можно было бы сверять последующие копии), кажется странным, что ни одна копия, существующая сегодня, не была надежно идентифицирована как одна из этих подлинных авторитетных копий, и что те, о которых делается такое заявление, по-видимому, были созданы намного позже времен Усмана. Конечно, в стертом тексте вышеупомянутых палимпсестов есть свидетельства того, что существовали более ранние формы текста, но это не решает проблему очевидного отсутствия какой-либо из существующих сегодня копий Усмана. Эти документы были бы чрезвычайно важными объектами, поэтому кажется логичным, что они должны были быть сохранены.

В-четвертых, интересно, что есть рукописи, в производство которых было вложено много труда, но по прошествии длительного времени порой вносились исправления. Это бросает вызов представлению о том, что существовало строгое единообразие и широко распространенное согласие в отношении каждой детали, каждого слова и буквы, как можно было бы ожидать, если бы существовало всеобщее согласие по какому-либо раннему стандарту, например, времен халифата Усмана. Я расскажу о некоторых своих мыслях по этому поводу в разделе «Выводы».

ПОЧЕМУ БЫЛИ ВНЕСЕНЫ ИЗМЕНЕНИЯ?

Не все исправления в рукописях одинаковы; у каждого есть контекст и ситуация, включающие время, место, письменные принадлежности, окружающую среду, образец, ученого, переписчика и так далее.

Самая очевидная причина, которую любой из нас может легко представить, если поставит себя на место переписчика, — это простая ошибка при копировании или записи, осознание ошибки и последующее ее исправление.

Этот простой сценарий исправления ошибок соответствует тому, что мы видим в некоторых исправлениях рукописей Корана, где чернила, перо и стиль письма совпадают с остальной частью страницы. Однако это подходит не для всех исправлений. Во многих случаях, очевидно, действовали и другие факторы. Вот некоторые из вопросов, которые помогают мне тщательно обдумать, что происходит в той или иной ситуации:

- Есть ли видимая причина, которая могла бы привести к простой ошибке? Например, одной из распространенных причин ошибок в переписывании рукописи по образцу является повторное появление слова или последовательности слов в непосредственной близости друг от друга. Переписчик может переписать первое употребление слова или последовательности слов, обмакнуть перо в чернила и случайно начать писать то, что идет в тексте после второго появления слова или последовательности слов. Это можно было бы заметить позже и исправить. Такой сценарий или другие подобные ему не редкость при передаче рукописей.

- Был ли большой промежуток времени между первым написанием и моментом (моментами) исправления? *Этот вопрос можно продолжить, задав следующие вопросы:*

1. Похоже ли, что письменные принадлежности (например, чернила и ширина пера), использованные при исправлении, были аналогичны тем, которые использовались при первом изготовлении?
2. Отличается ли стиль написания от стиля главной страницы? Является ли это более поздним стилем письма, который стал популярным в другой период времени? Имеет ли он другой размер (например, выше или короче), или у него другой угол наклона пера, или исправление сделано человеком с другим стилем письма или уровнем мастерства?
3. Есть ли разница в орфографии (то есть в правилах правописания, которые, как мы знаем, менялись с течением времени) между основным текстом на странице и той частью, которая была исправлена? Возможно ли, что само исправление связано с такой проблемой?

Вот еще несколько вопросов, которые следует рассмотреть:

- Есть ли признаки того, что страница была исправлена более одного раза в разное время?
- Чего пытались добиться этим исправлением? Можем ли мы увидеть или угадать, что было написано первоначально?
- Каков был результат исправления? Согласуется ли исправленный *расм* с *расмом* стандартного текста

на сегодняшний день? Если это не так, и если характер варианта может быть отнесен к различным орфографическим нормам, совпадает ли его орфография с другими рукописями того периода времени? Если не совпадает, или если различие не может быть объяснено вариантами орфографии, согласуется ли оно с каким-либо из вариантов прочтения, признанных в литературе по кираату?

- Если страница была исправлена, как выглядит остальная часть страницы? Есть ли другие части страницы, которые по-прежнему не соответствуют ныне стандартному *расму*, и если да, то что это может говорить о времени, когда этот документ был исправлен, или о человеке, который его исправил?

Очевидно, есть и другие вопросы, которые можно было бы задать, но я надеюсь, вы уже начинаете понимать, как мы пытаемся распаковать эти данные и разобраться в них. Вы увидите эти вопросы в действии, когда мы перейдем к основному содержанию этой книги, и вы также можете задать их себе, рассматривая каждый пример по отдельности.

---

1. Я использую термин «исправление» для удобства, но прошу читателей обратить внимание, что само это слово несет в себе оценочное суждение, которое я разделяю далеко не в каждом случае. Является ли то, что было написано первым, обязательно менее «правильным»? Является ли то, что принято сейчас, всегда и обязательно более «правильным»? В большинстве случаев изменения, которые мы находим в рукописях Корана, приводят к тому, что более или менее похоже на *расм* стандартного каирского текста 1924 года, но есть и исключения. Итак, пожалуйста, имейте в виду, что когда я использую термин «исправление», я имею в виду только физическое изменение текста.

2. Déroche, François, *Qur'ans of the Umayyads: A first overview*, (Лейден: Brill, 2014), 17.
3. Там же.
4. Ansorge, Catherine, «Cambridge University Library Islamic Manuscript Collection. Origins and Content,» *Journal of Islamic Manuscripts* 7 (2016): 139-40; Soskice, Janet, *The Sisters of Sinai: How Two Lady Adventurers Discovered the Hidden Gospels*, (Нью-Йорк: Alfred A. Knopf, 2009). Последняя рассказывает увлекательную историю о том, как эти две шотландки отправились в Северную Африку и раздобыли важные библейские и коранические рукописи, которые сегодня хранятся в таких местах, как библиотека Кембриджского университета.
5. А. Честер Битти был успешным американским бизнесменом, который использовал свое богатство для многих благотворительных начинаний, среди которых было приобретение рукописей и других исторических предметов. Среди собранных им сокровищ были некоторые из древнейших папирусных фрагментов Нового Завета, а также множество фрагментов Корана и полных рукописей, некоторые довольно ранние. Большая часть его коллекции сегодня хранится в библиотеке Честера Битти, расположенной в Дублинском замке.
6. Ansorge, Catherine, «Cambridge University Library Islamic Manuscript Collection. Origins and Content,» *Journal of Islamic Manuscripts* 7 (2016): 135.
7. Этим сравнением я не хочу сказать, что Коран относится к той же категории откровений Сиа, что и еврейская Библия и Новый Завет. Я просто поднимаю этот вопрос для того, чтобы указать на сходства и различия в контексте и обстоятельствах, которые, возможно, сыграли свою роль при разработке различных историй передачи.
8. Папирус также широко использовался в этот период времени.Из-за своей более низкой стоимости он был предпочтительным материалом для многих административных и юридических документов, а также для повседневной переписки. Более того, есть также примеры рукописей Корана, написанных на папирусе. Те немногие, что я видел (пара примеров есть в Бодлианской библиотеке Оксфорда), представляют собой небольшие фрагменты. Насколько я понимаю, существует изрядное количество рукописей Корана на папирусе, но у меня пока не было возможности разобраться в их количестве или качестве. Дело здесь в том, что было широко распространено использование пергамента, и именно этим, по крайней мере частично, объясняется тот факт, что сегодня у нас так много хорошо сохранившихся страниц ранних Коранов.
9. Déroche, François, *The Abbasid Tradition: Qur'ans of the 8th to the 10th centuries AD*, (Лондон: Nour Foundation, 1992); Déroche, François, *Qur'ans of the Umayyads: A first overview*, (Лейден: Brill, 2014).
10. Milo, Thomas, «Towards Arabic historical script grammar through contrastive analysis of Qur'ān manuscripts,» в составе Writings and

Writing: Investigations in Islamic Text and Script in honour of Januarius Justus Witkam. Kerr, Robert and Thomas Milo, eds. (Кембридж: Archetype, 2013), 249-92.

11. Déroche, François, *Islamic Codicology: an introduction to the study of manuscripts in Arabic script*, (Лондон: Al-Furqān Islamic Heritage Foundation, 2006).

12. Dutton, Yasin, «An Umayyad Fragment of the Qur'an and its Dating,» в *Journal of Qur'anic Studies* 9, no. 2 (2007): 57-87.

13. Nasser, Shady, *The Transmission of the Variant Readings of the Qur'an: The Problem of Tawātur and the Emergence of Shawādhdh*, (Лейден: Brill, 2012).

14. То, что кажется комбинацией других задокументированных прочтений, конечно, может быть просто еще одним самостоятельным вариантом прочтения.

15. Эти приблизительные цифры взяты в основном из моей собственной работы, но они также учитывают некоторые исправления в нескольких рукописях, найденных моим другом и бывшим научным сотрудником, доктором Роем Майклом Маккоем III. В моих собственных заметках и фотографиях содержится много дополнительного материала, который еще не включен в эти цифры, и, без сомнения, другие ученые еще внесут свой вклад в эти исследования, но на данный момент я не ожидаю серьезного изменения относительных пропорций.

16. Ibn Kathīr, Ismāʿīl, *Tafsīr al-qurʾān al-ʿaẓīm*, (Бейрут: Dar el-Marefah, 2003), 894-5. Комментарии (из которых Ибн Катир является лишь одним примером, но и своего рода кульминацией, принимающим во внимание более ранние исторические и экзегетические источники) помещают этот стих в контекст обвинений против Мухаммада в том, что он был обучен Корану кем-то другим, в частности, слугой-иностранцем, который лишь немного говорил по-арабски. Таким образом, комментаторы рассматривают этот стих как ответ, в котором подразумевается риторический вопрос: «Как мог иностранец быть источником стихов, написанных на чистом арабском языке?»

17. Stewart, Devin J., «Divine Epithets and the *Dibacchius: Clausulae* and Qur'anic Rhythm,» *Journal of Qur'anic Studies* 15.2 (2013): 22-64. Дальнейшее обсуждение рифмы как организующего принципа см. в Sinai, Nicolai, *The Qur'an: A historical-critical introduction*, (Эдинбург: Edinburgh University Press, 2017), 16-20.

18. Luxenberg, Christoph, *The Syro-Aramaic reading of the Koran: A contribution to the decoding of the language of the Koran*, (Берллин: Verlag Hans Schiler, 2007); Bellamy, James A., «Some Proposed Emendations to the Text of the Koran,» *Journal of the American Oriental Society* 113, no, 4 (1993); Bellamy, James A., «More Proposed Emendations to the Text of the Koran,» *Journal of the American Oriental Society* 116, no. 2 (1996).

19. Crone, Patricia, «How did the quranic pagans make a living?» *Bulletin of SOAS* 68, no. 3 (2005): 387-399.

20. Durie, Mark, *The Qur'an and its biblical reflexes: Investigations into the genesis of a religion*, (Лэнхем: Lexington Books, 2018), 16-17, 42-43 (примечание 22).
21. Nicolai Sinai (там же., 42-43); van Putten, Marijn, «Hamzah in the Quranic Consonantal Text,» в *Orientalia* 87 no. 1 (2018): 93-120.
22. Gibson, Dan, *Qur'ānic Geography: A survey and evaluation of the geographical references in the Qur'ān with suggested solutions for various problems and issues* (Альтона: Independent Scholars Press, 2011).
23. Sharon, Moshe, «Qibla Musharriqa and early Muslim prayer in churches,» in *The Muslim World* Vol. LXXXI, Nos. 3-4 (1991).
24. «И когда киблу переменили с Сирии на Каабу — она была изменена в Раджабе в начале семнадцатого месяца после прибытия посланника в Медину — Рифаа б. Кайс; Кардам б. Амр; Кааб б. Аль-Ашраф; Рафи б. Абу Рафи; Аль-Хаджай б.Амр, союзник Кааба; Аль-Раби б. Аль-Раби б. Абуль-Хукаик; и Кинана б. Аль-Раби б. Абуль-Хукаик пришел к посланнику спросить, почему он отвернулся от киблы, к которой он поворачивался прежде, когда клялся, что следует религии Авраама. Если бы он вернулся к кибле в Иерусалиме, они последовали бы за ним и объявили бы его истинным. Их единственным намерением было отвратить его от его религии, поэтому Всевышний ниспослал о них: „Глупые люди скажут: что заставило их отвернуться от киблы, которую они прежде соблюдали? Скажи: Всевышнему принадлежат восток и запад. Он наставляет, кого пожелает, на прямой путь. Поэтому мы сделали вас главной общиной, чтобы вы могли быть свидетелями против людей и чтобы посланник мог быть свидетелем против вас. И мы назначили киблу, которую ты ранее соблюдал, только для того, чтобы мы могли отличить того, кто последует за посланником, от того, кто повернется вспять", то есть, чтобы испытать и выявить их. „Воистину, это было тяжелое испытание, за исключением тех, кого Аллах вел прямым путем", то есть искушение; то есть тех, кого Аллах утвердил. „Целью Аллаха не было сделать вашу веру тщетной", то есть вашу веру в первую киблу, вашу веру в вашего пророка и ваше следование за ним в последующую киблу и ваше повиновение в ней вашему пророку, то есть, чтобы он мог воздать вам по заслугам за них обоих. „Всевышний добр и сострадателен к людям"». Переведеноо с Guillaume, A., *The Life of Muhammad: A translation of Ibn Isḥāq's* Sīrat Rasūl Allāh, (Оксфорд: Oxford University Press, 1955), 258-9.
25. Одним из примеров является то, что рассказывает историк аль-Табари об ответе Мухаммада на вопрос о том, кого Авраам взял на гору, чтобы принести в жертву — Исаака или Измаила. В половине сообщений говорится, что Мухаммад ответил «Исаак», а в половине говорится, что он ответил «Измаил». Brinner, William M., tr., *The History of al-Ṭabarī, volume II: Prophets and Patriarchs* (Олбани: State University of New York Press, 1987), 82-97.

2
ИСПРАВЛЕНИЯ

Я выбрал следующие примеры, чтобы продемонстрировать разнообразие этого явления. Легко можно бы выбрать двадцать других, и в последующих выпусках, возможно, я так и сделаю. Ниже приведены исправления различных типов (стирания, надпись поверх стертого текста, надпись без стирания и вставка), а также различных стилей письма, представляющих разные ранние периоды времени (VII, VIII и IX вв.н.э.).

Поскольку я понимаю, что многие читатели этой книги не говорят и не читают по-арабски, я постарался четко объяснить каждое изменение таким образом, чтобы оно не осталось непонятным для неспециалистов. Перевод и графические элементы тоже должны служить этой цели, при этом давая достаточную техническую детализацию, чтобы удовлетворить тех, кому это важно. Будут и трудные элементы для не говорящих по-арабски, но я надеюсь, что основной смысл будет понятен из фотографий и сопроводительных описаний.

Пример 1: Вставка слова после завершения манускрипта в монументальном Коране VIII в.

РИСУНОК I: *Топкапский* Аль-Мусхаф аш-Шариф, *том 122в.*
(*Источник* : *Altıkulaç, Tayyar, Ed.* Al-Muṣḥaf al-Sharif attributed to ʿUthmān bin ʿAffān (The copy at the Topkapı Palace Museum). *Стамбул* : IRCICA, 2007.)

Эта вставка содержится в кодексе Топкапы, широко известном как *Аль-Мусхаф аш-Шариф*. Этот кодекс, состоящий из 408 листов пергамента, считается одной из старейших полных копий Корана (два листа отсутствуют, а другие, по-видимому, были заменены в ранние сроки). Он был отправлен султану Махмуду II в 1811 году в качестве подарка от Мухаммада Али-паши Египетского, и хранится во дворце-музее Топкапы с момента его прибытия туда в 1811 году[1].

Традиция приписывает кодекс Топкапы третьему халифу, Усману, сподвижнику Мухаммада, который умер в 656 году нашей эры, примерно через 24 года после смерти самого Мухаммада. Как это часто бывает с распространенным мнением, это мнение ошибочно; данный кодекс, скорее всего, датируется столетием позже, то есть серединой VIII века нашей эры. Оспаривать приписывание Усману - дело деликатное, поэтому заявление г-на Ихсаноглу, генерального директора-основателя IRCICA и генерального секретаря Организации Исламская конференция, достойно восхищения и имеет вес:

> Судя по иллюминированным вставкам, *мусхаф* из музея Топкапы не относится ни к периоду написания *мусхафов* халифа Усмана, ни к тому времени, когда были написаны копии, основанные на этих *мусхафах*. Поскольку *мусхафы* раннего периода брали за образец те, что приписывались халифу Усману, в них нет орнаментальных элементов. [...] Этот *мусхаф* [...] не является образцом раннего периода создания *мусхафов* из-за ряда характеристик [...Он], скорее всего, относится к периоду Омейядов.[2]

Кодекс Топкапы — важная и прекрасно выполненная относительно ранняя и почти полная монументальная рукопись Корана. Я надеюсь осветить это подробнее в последующих работах.

Я отметил 25 случаев исправления на 408 фолио Топкапского *Аль-Мусхаф аш-Шарифа*. Этот пример, а также примеры 11 и 14 являются репрезентативными. На фотографии выше показана вставка слова هو *huwa*, «это [есть]», из C9:72. В Коране 1924 года исправленная в данном манускрипте фраза читается так: *wa-riḍwānun mina llāhi akbaru dhālika* **huwa** *'l-fawzu 'l-ʿaẓīmu*, «но довольство Аллаха будет превыше этого. **Это и есть** великое преуспеяние.».

Слова *dhālika huwa* вместе означают "это есть", но слово *dhālika*, которое было написано на этой странице изначально, несёт в себе то же основное значение. Другими словами, данное исправление привело к тому, что рукопись теперь соответствует стандартному *расму*, но не оказало заметного семантического эффекта.

Это явно коррекция, внесённая после завершения рукописи. Она была сделана другой рукой, другим пером и в другом стиле. По моему мнению, между созданием рукописи и исправлением прошел некоторый промежуток времени.

РИСУНОК 2: Иллюстрация расположения исправления в примере 1 по сравнению с Кораном mushafmuscat.com, который был одобрен Аль-Азхаром и который основан на каирском издании 1952 года. [Издание 1952 года исправило некоторые ошибки в каирском издании 1924 года. Мусхаф Мускат - это, по сути, исправленное издание 1924 года с пунктуацией в оманском стиле. Кроме того, Мусхаф Мускат соответствует мединскому формату в 604 страницы с номером стиха в конце каждой страницы для всего Корана, в отличие от свободного текста каирского издания на 827 страницах. Расм в этих изданиях совпадает, за исключением положения некоторых плавающих значков. Об изданиях 1924 и 1952 годов см. Puin, Gerd-R, «Quellen, Orthographie und Transkription moderner Drucke des Qur'ān,» в Vom Koran Zum Islam, Groß, Markus and Karl-Heinz Ohlig, Eds. 606-641. **На последующих рисунках для простоты это будет называться «Каирский текст 1924 года».**

Пример 2: Надпись поверх стертого текста уже после завершения рукописи в Коране первого (VII) века.

РИСУНОК 3: *BnF* arabe *328*, фолио *58v*.

Этот пример взят из BnF *arabe* 328b, части Парижско-Петрополитанского кодекса, который включает в себя BnF *arabe* 328a и 328b, а также другие фолио, хранящиеся сегодня в Российской национальной библиотеке в Санкт-Петербурге, Библиотеке Ватикана и Коллекции исламского искусства Насера Д. Халили в Лондоне[3].

Франсуа Дерош работал с этим кодеком много лет и составил его чудесные детальные описания. По его мнению, он датируется третьей четвертью VII века, а именно, между 671 и 695 годами н.э.[4] Доктор Алтыкулач аналогичным образом относит ее (ссылаясь на *arabe* 328a) к VII веку и, как и Дерош, считает, что это не была одна из копий, изготовленных при Усмане, а скорее копия одной из них или копия копии. Хотя Дерош осторожен в определении географического происхождения рукописи[5], Алтыкулач видит доказательства ее происхождения в Дамаске и предполагает, что это была либо копия кодекса, который отправил туда Усман, либо копия копии, основанной на нем[6]. Парижско-Петрополитанский кодекс обладает многими интересными отличительными чертами, которые выходят за рамки данной книги.

На фотографии выше показано место, где текст был стерт и перезаписан. Стирания обычно производились путем соскабливания чернил пемзой; этот процесс оставляет царапины на пергаменте. Часто стирание производилось очень точно, следуя форме букв, которые требовалось удалить. В этом месте видны следы стирания, и я просматривал эту страницу два раза по разным поводам. Изменение было сделано другой рукой, другим пером и чернилами, отличающимися от остальной части текста на странице. Среди прочего, следует отметить, что буква *lām* (вертикальная черта с правой стороны) менее уверенная и более вертикальная по сравнению с общим наклоном вправо на остальной части страницы, включая еще видную *lām*, которая была стерта.

Это исправление встречается в С42:21 и является вторым из трех случаев использования слова لهم *lahum* в этом стихе в его нынешнем виде в каирском издании 1924 года. Изначально здесь, по-видимому, было написано *lām-he*, то есть составное арабское слово *lahū*, «к нему». Оно было заменено на *lām-he-mīm*, то есть *lahum*, «к ним (м.)». Таким образом, изначально написанное имело значение: «Или же у них есть сотоварищи, которые узаконили для **него** в религии то, чего не дозволил Аллах?», вместо ныне стандартного текста, который гласит: «Или же у них есть сотоварищи, которые узаконили для **них**...» и т.д. В предыдущем стихе использовано третье лицо единственного числа, и, поскольку оно и было изначально написано на этой странице, аят 21 можно было бы прочитать как «для него», с отсылкой к гипотетическому лицу, упомянутому в аяте 20, который желает возделывания земли в будущей жизни.

То, как написана страница после этого изменения, на

данный момент соответствует консонантному тексту Корана 1924 года. Это исправление не единственное на этой странице рукописи; есть по крайней мере еще два, включая стертый текст тремя строками выше.

РИСУНОК 4: Пример 2 в сравнении с каирским текстом 1924 года

Пример 3: Множественные вставки слова "allāh", сделанные после создания рукописи, в нескольких Коранах 1/VII и 2/VIII веков.

РИСУНОК 5: *Девять вставок слова allah в разных манускриптах (Источник изображения из Саны (внизу справа): UNESCO CD of Sanʿāʾ Qurʾāns)*

Приведенный выше рисунок представляет собой не единое, а составное изображение, показывающее девять различных вставок слова *allāh*[7] («Бог») в тех местах, где это слово было опущено во время первоначального составления рукописей. К настоящему времени я собрал около дюжины подобных примеров в рукописях Корана, созданных в VII и VIII веках, большинство из них в Омейядском Кодексе из Фустата, и меня поразило открытие, что из всего, что писец мог «забыть», он забыл написать именно это слово, *allāh*. На самом деле я не думаю, что он «забыл» написать это слово; почти в каждом примере, показанном выше, *allāh* является подразумеваемым подлежащим, но грамматически называть его было необязательно. Это повторение аналогичных исправлений в разных местах, как мне кажется, свидетельствует, возможно, об определенной степени ранней гибкости рукописей и, вероятно, также отражает устный характер передачи (поскольку рукописи создаются не в вакууме), который в какой-то более поздний момент времени был сведен к единообразию.

Вот описание каждого из вышеперечисленных примеров, начиная от верхнего левого угла и до нижнего правого:

ОМЕЙЯДСКИЙ КОДЕКС ИЗ ФУСТАТА

Многие полные рукописи были разбиты на разделы и сегодня хранятся отдельно в разных библиотеках и музеях. Так обстоит дело с одним кодексом, который Франсуа Дерош назвал Омейядским Кодексом из Фустата. Он полагает, что это мог быть либо кодекс, отправленный Аль-Хаджжаджем в мечеть Амра, или созданный Абд аль-Азизом ибн Марваном в ответ на это действие[8]. Как бы то ни было, этот кодекс, по-видимому, оставался в мечети Амра в течение тысячи лет, вплоть до начала 1800-х годов, когда различные его части были приобретены Жан-Жозефом Марселем и отправлены в Европу[9]. Фрагменты рукописи в настоящее время существуют под четырьмя номерами: три в России (Марсель 11, Марсель 13 и Марсель 15) и один в Париже (BnF *arabe* 330c)[10]. Эта рукопись написана в стиле письменности O I 11[11] и, вероятно, была создана в первой половине VIII века нашей эры.

Омейядский Кодекс из Фустата обладает многими интересными особенностями. Профессор Дерош подробно описал его, и я видел все его фолио и сделал свои собственные тщательные наблюдения как в Париже, так и в Санкт-Петербурге. Интересной особенностью, которую я выделяю в этом примере изменений (который на самом деле состоит из семи изменений в этом кодексе и двух в других), является очевидная поздняя стандартизация ряда примеров употребления слова *allāh*. Вот описание каждого из них по очереди, с указанием рукописи и фолио, а также каждого конкретного случая, когда слово *allāh* было опущено, а затем вставлено, выделенного мною жирным шрифтом:

1. NLR Марсель II, 7v. Q33:18, *qad yaʿlamu* **llāhu** *ʾl-muʿawwiqīn minkum*, «**Аллах** знает тех из вас, которые отвращают людей…». Это надпись поверх стертого текста, но почти наверняка слово *allāh* ранее отсутствовало; если это так, то было стерто слово *yaʿlamu*, а затем были вписаны два этих слова. Таким образом, эта рукопись до внесения изменений должна была гласить: «**Он** знает тех из вас, которые отвращают людей…».

2. NLR Марсель II, 8r. Q33:24, *li-yajziya* **llāhu** *ʾl-ṣādiqīn bi-ṣidqihum*, «чтобы **Аллах** воздал правдивым за их правдивость…». До вставки эта рукопись гласила: «чтобы **Он** мог воздать правдивым за их правдивость».

3. NLR Марсель II, 10v. Q33:73, *wa-yatūba* **llāhu** *ʿalā ʾl-muʾminīna wa-ʾl-muʾmināt*, «и чтобы **Аллах** принял покаяния верующих мужчин и верующих женщин». До вставки было: «и чтобы **Он** принял покаяния верующих мужчин и верующих женщин».

4. NLR Марсель II, 12v. Q41:21, *qālū ʾanṭaqanā* **llāhu** *lladhī anṭaqa kulla shayʾin*, «Они скажут: "Нас заставил говорить **Аллах**, Который заставил говорить всякую вещь"». До вставки было: «Они скажут: "Нас заставил говорить Он, Который заставил говорить всякую вещь"».

. . .

5. NLR Марсель 13, 20v. Q22:40, *yudhkaru fīhā smu* **llāhi** *kathīran*, «в которых премного поминают имя **Аллаха**». До вставки было: «в которых премного поминают имя».

6. NLR Марсель 13, 23r. Q24:51, *duʿū ʾilā* **llāhi** *wa-rasūlihī*, «Когда верующих зовут к **Аллаху** и Его Посланнику». До вставки этот текст, судя по всему, был непонятен из-за присутствия слова *wāw* («и»). Поэтому неясно, что именно гласило это предложение.

7. NLR Марсель 13, 26r. Q35:11, *inna dhālika ʿalā* **llāhi** *yasīrun*, «Воистину, это для **Аллаха** легко». Неясно, как читалось бы это предложение в рукописи до вставки, и было ли оно понятным.

ДРУГИЕ РУКОПИСИ

8. NLR Марсель 21, 4v, line 11. Q9:93, *wa-ṭabaʿa* **llāhu** *ʿalā qulūbihim*, «и **Аллах** запечатал их сердца». До вставки было: «и **Он** запечатал их сердца».

Марсель 21 - это горизонтальный фрагмент на пергаменте из 12 фолио в трех тетрадях. Это составной фрагмент, поскольку третья тетрадь, фолио 9-12 (два двойных фолио) явно взяты из другого кодекса, чем первые две тетради. Поскольку эта вставка взята из фолио 4, я опишу только эту часть рукописи. Его страницы имеют размеры около 17,9 см в высоту и 29,5 см в ширину (примерно 7 на 11,6 дюймов), а текстовый блок - 13 см в высоту и 23 см в ширину. Стиль написания - A.I. по Дерошу. Эта первая часть Марсель 21, вероятно, была написана в начале VIII века; третья часть может датироваться VII веком. В общей сложности я отметил около трех десятков исправлений в Марсель 21.

9. Компакт-диск ЮНЕСКО с рукописями Саны, номер полки 01-20.4. Q9:78, *wa-ʾanna* **llāha** *ʿallāmu ʾl-ghuyūb*, , «и что **Аллах** является Ведающим сокровенное». Перед этой вставкой в этой рукописи говорилось: «и что **Он** является Ведающим сокровенное».

Последняя вставка *allāh*, показанная в этом примере справа внизу на рисунке 5, находится на странице из рукописей Саны. У меня нет размеров страницы, и я видел ее только на фотографии, а не лично, как все остальные в примере 3. Формат страницы горизонтальный, на странице 22 строки. У нее практически нет полей, и в этом отношении она очень похожа на самые ранние вертикальные рукописи хиджази, которые также имеют тенденцию полностью использовать страницу вплоть до краев. Вероятно, это рукопись конца VII или начала VIII века.

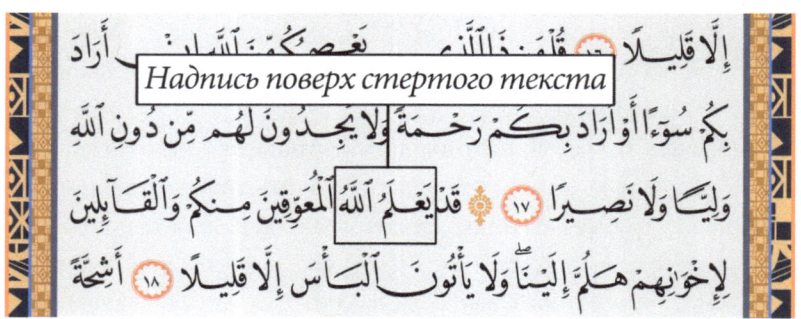

РИСУНОК 6: Иллюстрация вставки слова allāh в C33:18 в Омейядском Кодексе из Фустата по сравнению с каирским текстом 1924 года

РИСУНОК 7: Иллюстрация вставки слова allāh в C33:24 в Омейядском Кодексе из Фустата по сравнению с каирским текстом 1924 года

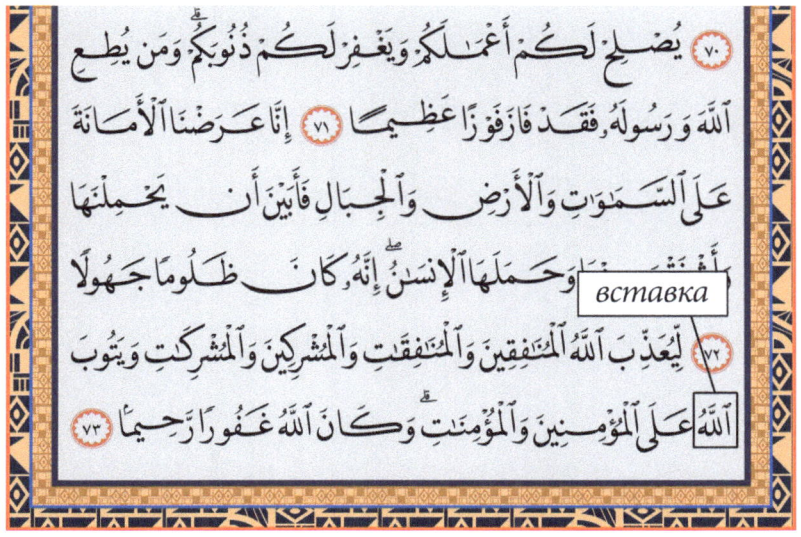

РИСУНОК 8: Иллюстрация вставки слова allāh в C33:73 в кодексе Фустат Омейяд по сравнению с каирским текстом 1924 года

РИСУНОК 9: C41:21 в каирском тексте 1924 года с указанием на вставку слова allāh в манускрипте №4 выше

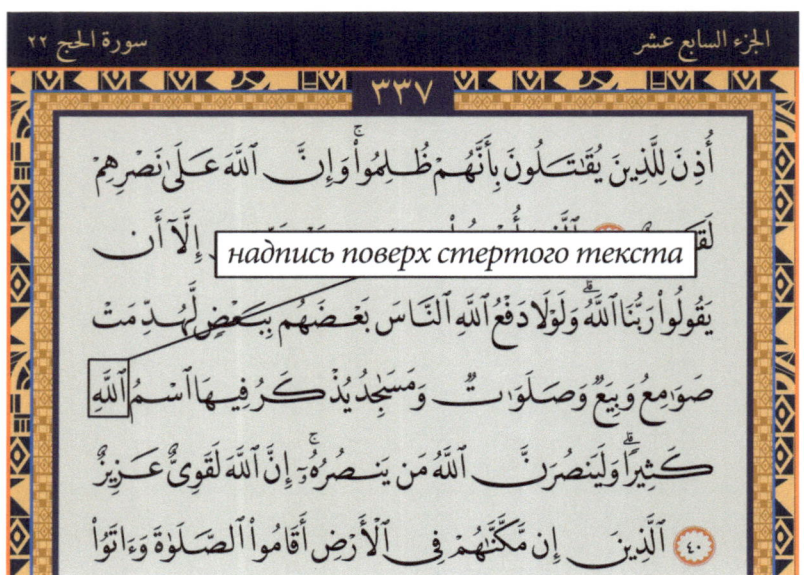

РИСУНОК 10: C22:40 в каирском тексте 1924 года с указанием на вставку слова allāh в манускрипте №5 выше

Исправления в ранних рукописях Корана 41

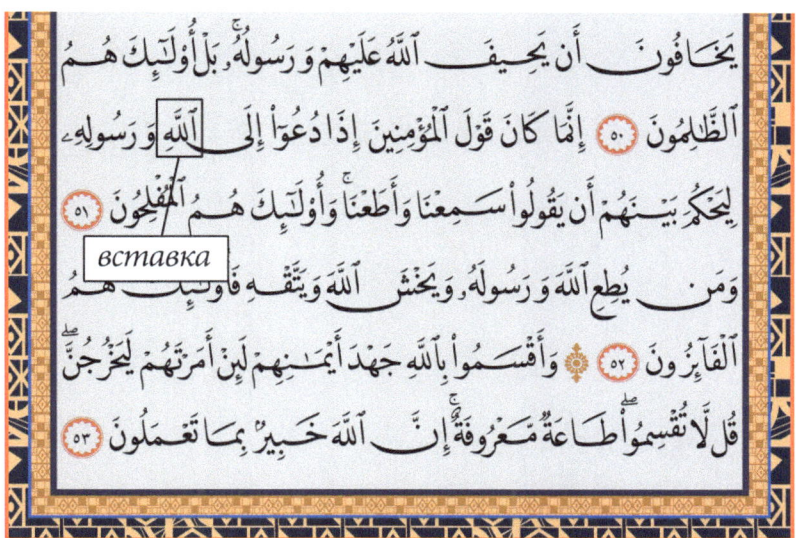

РИСУНОК 11: С24:51 в каирском тексте 1924 года с указанием на вставку слова allāh в манускрипте №6 выше

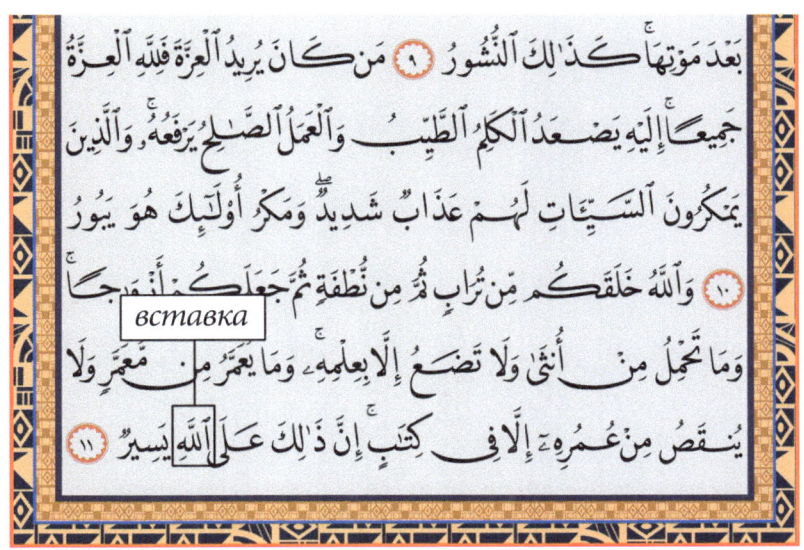

РИСУНОК 12: С35:11 в каирском тексте 1924 года с указанием на вставку слова allāh в манускрипте №7 выше

РИСУНОК 13: C9:93 в каирском тексте 1924 года с указанием на вставку слова allāh в манускрипте №8 выше

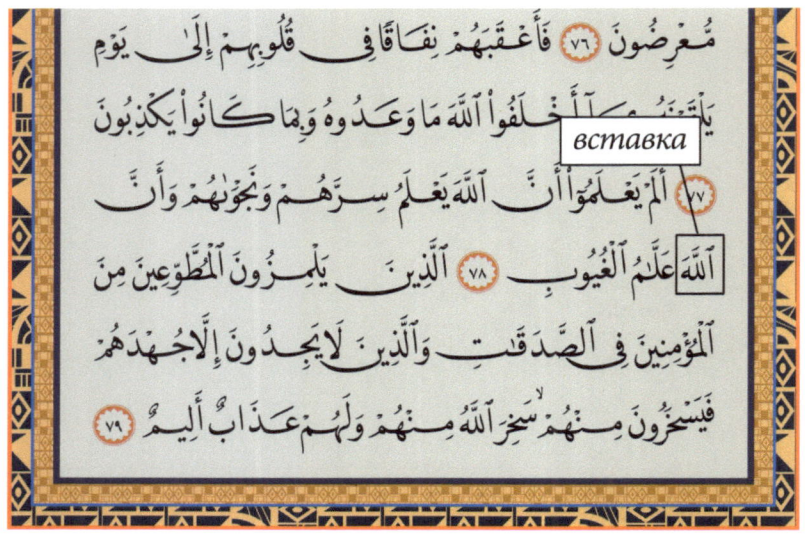

РИСУНОК 14: Иллюстрация вставки слова allāh в C9:78 в манускрипте №9 выше, с указанием места вставки в каирском тексте 1924 года

Приведенные выше девять исправлений представляют собой примерно три четверти простых вставок слова allāh, которые я заметил на данный момент. В дополнение к этому, есть много исправлений, выходящих за рамки простых вставок, которые касаются слова allāh. На первый взгляд, это не должно сильно удивлять, поскольку allāh — одно из самых распространенных слов в Коране. Тем не менее, специфический характер приведенных выше исправлений делает их заслуживающими внимания.

Пример 4. Стертый текст

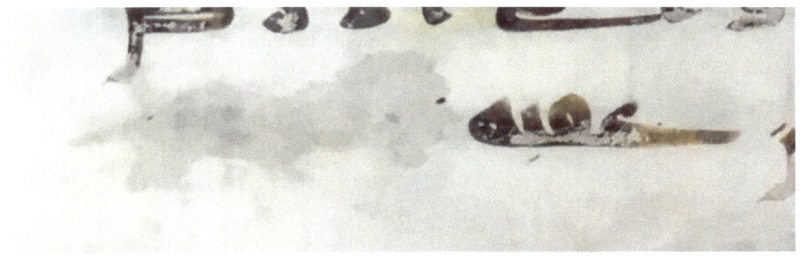

РИСУНОК 15: *Стертый текст, оставивший пробел в Марсель 2, в последней строке страницы (Фото Брубейкера, с разрешения Музея исламского искусства)*

Это исправление содержится в рукописи Marcel 2, хранящейся в Российской национальной библиотеке, на фолио за номером 30v. Это большой квадратный Коран, со страницами размером около 41 см (примерно 16 дюймов) по каждой стороне. Его текстовый блок имеет размеры 33 см в высоту и 31 см в ширину (примерно 13x12 дюймов). Его формат аналогичен каирскому *Мусхаф аш-Шарифу*. Marcel 2 содержит 42 фолио с 20-21 строчкой текста на странице. Он содержит разделители стихов в виде вертикальных колонок из диагональных знаков пера, а также разделители на несколько стихов в виде красных медальонов, обведенных коричневыми чернилами, которым предшествуют стопки штрихов, как уже упоминалось. Иногда он имеет разделители в виде красного медальона с четырьмя шипами по диагоналям и лепестками, простирающимися вправо и влево, вверх и вниз. Эти страницы написаны шрифтом в стиле C.Ia, и это, вероятно, рукопись начала VIII века. Я отметил 26 исправлений в этом фрагменте рукописи.

Исправление в данном случае представляет собой простое стирание; ничего не было записано взамен того, что было стерто. В результате стирания в конце строки, последней строки на странице, остается пробел. Стертый текст следовал за словом عقبة *ʿāqibatu*, «судьба», в C30:9. Слово, которое идет следующим в каирском издании 1924 года, الذين *alladhīna*, «(из) тех», является первым словом, написанным на следующей странице этой рукописи. Итак, в этом месте *расм* теперь совпадает с каирским текстом 1924 года.

Этот стих следует за повествованием, которое укоряет неверующих за то, что они не распознали знамения и судьбу тех, кто ослушался Бога в прошлом: «Неужели они не странствовали по земле и не видели, каким был конец (судьба) тех, кто был до них? Они превосходили их силой, возделывали землю и отстраивали ее лучше, чем это делают они. Их посланники приносили им ясные знамения. Аллах не был несправедлив к ним — они сами поступили несправедливо по отношению к себе.»

Что было стерто, на данный момент определить невозможно, но длина и непрерывность стирания указывают, скорее всего, на одно слово из 4-6 букв, все связанные между собой. Грамматически, предполагая, что остальная часть стиха читалась во время написания этой рукописи в том виде, в каком она есть сегодня, есть разные варианты слов, которые могли бы уместиться в этом пространстве. Первым было бы выражение пропорции, такое как *kullu min*, «все», или *kathīran min*, «большинство», чтобы передать «какой была судьба всех тех, кто был до них», или «какой была судьба большинства из тех, кто был до них», соответственно. Другой вариант — это существительное (например, *al-yahūd*, «евреи», или *al-nās*, «народ»), и тогда в переводе получилось бы: «какой была судьба евреев, которые были до них», или «какой была судьба народа, который был до них». Чтобы внести ясность, у меня нет никаких оснований полагать, что в стертой надписи говорилось что-либо из этого; я просто хочу проиллюстрировать, что существуют грамматически приемлемые варианты.

РИСУНОК 16: С30:9 в каирском тексте 1924 года, иллюстрирующий исправление в *Марсель 2*

На этой странице в Марсель 2 есть еще одно исправление - вставка на левом поле. Подобно примеру, приведенному выше, она также привела страницу в соответствие с *расмом* каирского издания 1924 года.

Пример 5: Страница Корана, возможно, 2-го/VIII—3-го/IX веков, содержащая несколько исправлений после создания рукописи.

РИСУНОК 17: MS.474.2003, фолио 9v. (фотография Брубейкера, с разрешения Музея исламского искусства)

Эта страница находится в Музее исламского искусства в Дохе, Катар. Стиль написания - A.I. по Дерошу; вероятно, это памятник VIII века. Фрагмент рукописи (MS.474.2003) содержит около 30 физических изменений на двенадцати фолио, и в нем имеются расхождения с каирским изданием 1924 года.

На фотографии выше (рис. 17) показана часть фолио 9v, страницы, содержащей по меньшей мере пять исправлений. Прежде чем обсуждать эти исправления, приведу общее описание шрифта на этой странице.

Это фолио начинается в середине C6:91. Даже в том виде, в каком оно сейчас существует, в нем есть отклонение от стандартного *расма*; например:

- вместо *wa-lā*, н«и» в С6:91, здесь написано *wāw*, "и"; *lām-ʾalif* опущен. Таким образом, значение здесь: «вы и ваши отцы», а не «ни вы, ни ваши отцы», как в каирском тексте 1924 года.
- Фраза, которая в С6:92 в каирском издании 1924 года гласит *mubārakun muṣaddiqu*, «[является] благословенным и подтверждает», написано в этой рукописи без долгого среднего *ʾalif* в первом слове, а также с долгим *ʾalif* в конце обоих слов, и получается *mubarakān muṣaddiqān*, что переводится как «благословенный и подтверждающий».
- *wāw*, "и", которое предшествует *li-tundhir*, «чтобы вы могли предупредить», в каирском тексте 1924 года отсутствует на этой странице.
- То, что в каирском стандарте 1924 года читается как *ṣalātihim* (архиграфема CLA BHM), «молитвы», написано в этой рукописи с *wāw* вместо среднего долгого *ʾalif*, то есть, *ṣalawātihim*[12], или архиграфема CLW BHM. Это множественное число; получается небольшое изменение значения.
- *aw*, «или» в С6:93 написано в этой рукописи как *wa*, «и», и получается «кто возводит навет на Аллаха и говорит», вместо «кто возводит навет на Аллаха или говорит», как в каирском издании 1924 года.
- *idh* каирского стандарта 1924 года, «в то время как», в С6:93 записано на этой странице как *idhā*, «когда».
- Долгий *ʾalif*, который находится на второй позиции *bāsṭū*, «простирают», в С6:93 в каирском издании 1924 года, на этой странице отсутствует.
- Слово ربكم *rabbikum*, «ваш Господь», написано между *allāh* и *fa-ʾinnā* в 6:95. Этого нет в каирском издании 1924 года, но здесь это имеет грамматический смысл: «Таков Аллах, **ваш Господь**! До чего же...», а не «Таков Аллах! До чего же...», как это существует

в сегодняшнем стандарте. Интересно, что корректоры этой страницы не стерли это слово. Возможно, они решили, что это слово здесь на своем месте?

Приведенные выше пункты дают представление о вариативном характере этой рукописи. Теперь мы обсудим исправления на этой странице. Их по меньшей мере пять:

1) Ближе к концу третьей строки стерты два слова, тень от которых частично сохранилась. Они были написаны после *ḥawlahā wa*, «вокруг нее, и» из C6:92 и перед фразой *alladhīna*, «те, кто», которая следует далее. Сохраняется значительный разрыв. Результатом на данный момент является *расм*, соответствующий каирскому стандарту 1924 года.

2) На 6-й строке на фотографии слово عليه *ʿalayhi*, «против него», было написано поверх подчистки в C6:93 после слов *bimā kuntum taqūlūn*, «за то, что вы говорили». Однако в каирском издании 1924 года здесь не написано *ʿalayhi*, и приближение к соответствию стандарту может быть причиной того, что, как я полагаю, было следующим вмешательством, описанным в пункте № 3.

3) Последующее исправление было внесено в C6:93, на этот раз на правом поле, где было написано على الله *ʿalà allāh*, "об Аллахе", но, как ни странно, без стирания *ʿalayhi*, которое, по-видимому, эта фраза должна была заменить. Кроме того, эта фраза написана рядом с началом следующей строки, но, похоже, она предназначена для этого мета.

Более интересным здесь является то, что эта строка на

этой странице по-прежнему не соответствует каирскому изданию 1924 года в том смысле, что она включает дополнительные слова: و بالله تكفرون *takfurūna bi-llāhi wa*, «они не веруют в Аллаха и», после слов بما كنتم *bimā kuntum* и تقلون *taqulūn*. Представляется важным, что эти слова были не только написаны в этой рукописи во время ее создания, но и сохранены в ней после двух раундов исправления, несмотря на то, что они не являются частью каирского издания 1924 года.

4) В 8-й строке, изображенной на рисунке, слово الذين *alladhīna*, «кого», в С6:94 вставлено там, где оно было сначала опущено.

5) В начале предпоследней строки страницы слово يعلمون *yaʿlamūna*, «они знают», в С6:97, было написано поверх стертого текста. Тень слова, которое было написано первым, все еще можно увидеть, и его архиграфема, по-видимому, звучит как BHMW N; однако эта архиграфема не передает ни одного слова в Коране. Я полагаю, что стертый текст мог выглядеть как BEMHW N; это могло соответствовать одному слову, يعمهون *yaʿmahūn*, «слепой», слову, которое встречается в Коране всего семь раз, причем один из них находится в конце С6:110, то есть в непосредственной близости от этого стиха. Если моя догадка верна, то стих гласил бы: «Мы разъяснили знамения для людей слепых». На данный момент трудно составить твердое мнение по этому поводу, поскольку новое написание частично покрывает стертое. Таким образом, хотя это и возможно, все же остается неизвестным, присутствовал ли в тексте ʿayin.

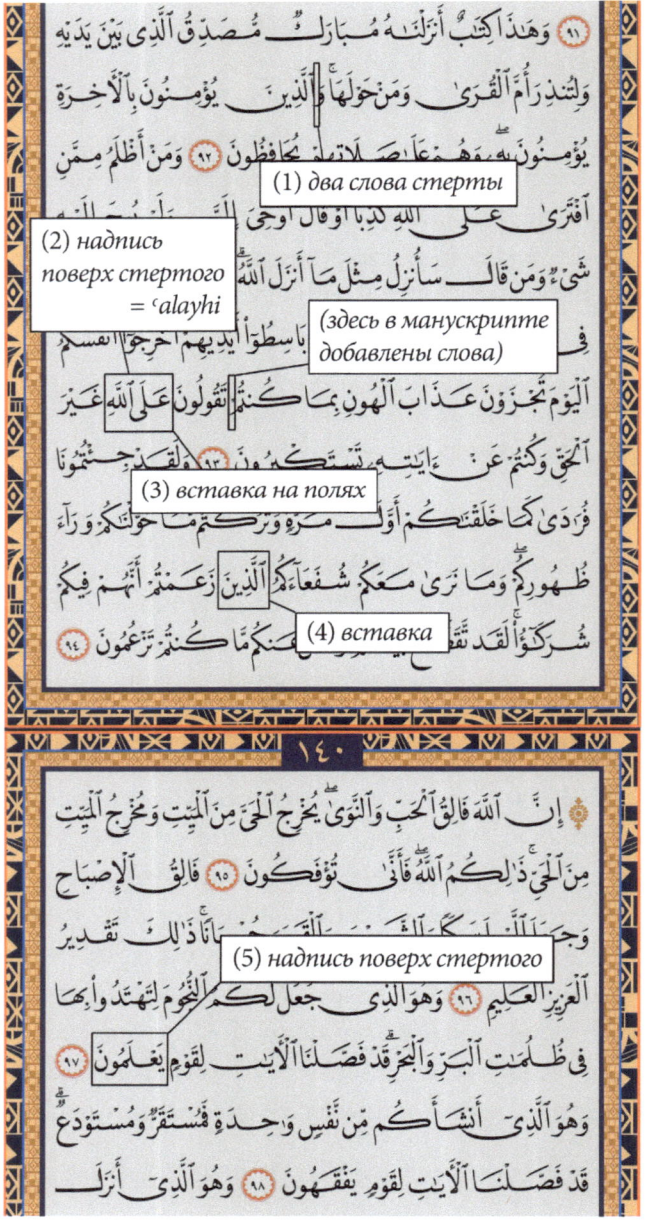

РИСУНОК 18: C6:92-97 в каирском тексте 1924 года с указанием исправлений MS.474.2003

Пример 6: Многочисленные исправления после создания рукописи в Коране 1-го/VII в.

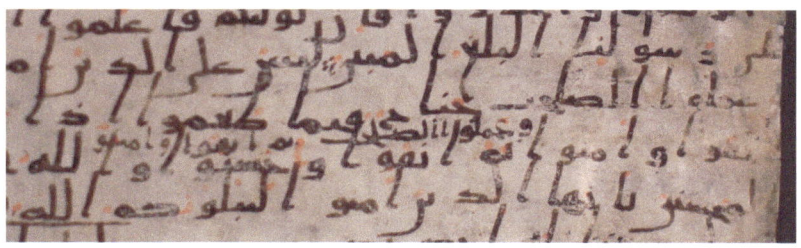

РИСУНОК 19: MS 67.2007.1 *(фотография Брубейкера, с разрешения Музея исламского искусства)*

Этот фрагмент и два других, сгруппированные под последовательными номерами полок, относятся к тому же периоду времени и стилю, что и Петрополитанский кодекс (BnF *arabe* 328a-b и т.д.), а также бирмингемские фолио, к которым Альба Федели привлекла внимание всего мира и которые были датированы радиоуглеродным методом очень ранней датой: вероятность того, что животное-источник пергамента жило между 568 и 645 годами нашей эры, составляет 95,4%[13]. За несколько лет до тестирования бирмингемских фолио был аналогичным образом (радиоуглеродным методом) датирован пергамент из палимпсеста Саны I. Анализ с 95%-ной вероятностью показал диапазон дат 578-669 годов нашей эры[14]. BnF *arabe* 328 представляет собой вертикальный бифолио, написанный шрифтом Маиль/хиджази.

Исправления здесь содержатся в документе MS.67.2007.1, хранящемся в Музее Исламского искусства в Дохе. Вставлены слова *wa-ʿamilū l-ṣāliḥāti thumma ttaqaw wa-ʾāmanū* в C5:93. Основная вставка была сделана над основной строкой текста. За исключением, пожалуй, первой части, *wa-ʿamilū,* — по поводу которой у меня есть некоторые вопросы из-за того, как она написана, — это исправление похоже на дело рук первоначального переписчика и, вероятно, было сделано вскоре после создания рукописи. С5:93 имеет несколько повторений, и нет ничего удивительного в том, что переписчик мог запутаться и допустить ошибку, которую позже нужно было исправить. Таким образом, это исправление почти наверняка вызвано простой ошибкой переписчика при составлении рукописи.

Однако в этой вставке есть одна часть, которая, по-видимому, является результатом второго, более позднего исправления. Это заключительный ʾ*alif* от ʿ*amilū*, «совершали», и эта орфография окончания третьего лица множественного числа, я думаю, была опущена при первом исправлении и добавлена позже. Кроме того, отсутствует соответствующий ʾ*alif* из ʾ*āmanū*, «веровали», в самом конце этой вставки, что является еще одной странной деталью, учитывая, что он обычно используется в других местах на этой странице и был добавлен в конце ʿ*amilū*.

Наконец, и, возможно, самое интересное, начальный ʾ*alif* в احسنوا ʾ*aḥsanū*, «творили добро (повелительное наклонение, 3-й мн.)», был опущен при первом написании и добавлен позже, но красными чернилами, теми же чернилами, которые использовались для точек, обозначающих краткие гласные, в других местах на этой странице.

Итак, в некоторых из этих рукописей много интересного, и это необходимо тщательно изучить. Я сам чуть не пропустил проблему с ʾ*alif* в слове *aḥsanū*. Было несколько случаев (я совершенно отчетливо помню один случай в Бодлианской библиотеке в Оксфорде несколько лет назад), когда я долго и внимательно работал со страницей и почти был готов двигаться дальше, как вдруг замечал исправление, которое следовало заметить гораздо раньше. Это напоминание о том, что в этой работе необходимы терпение, смирение и внимание к деталям.

РИСУНОК 20: С5:93-94 в каирском тексте 1924 года с указанием на исправления в MS.67.2001

Сложность описанной выше ситуации может быть воспринята как свидетельство того, что эта рукопись была в ходу и считалась достаточно важной, чтобы стоило ее многократно исправлять. Проблема с красным ʾalif интересна тем, что это не вопрос орфографии или чтения. Итак, над этим разделом и в этой рукописи еще предстоит проделать большую работу; здесь есть слои информации, которые нужно расшифровать.

Пример 7: Вставка слова "семь" после создания рукописи.

РИСУНОК 21: BnF arabe 327, *фолио* 1r.

BnF *arabe* 327, хранящийся в Национальной библиотеке Франции, написан в стиле B.Ib по Дерошу. Это фрагмент из 14 фолио, его страницы почти квадратные, 26-27 см (около 10,5 дюймов) в высоту и чуть больше в ширину, с 18 строчками текста на странице. Вероятно, он датируется VIII веком. Я отметил девять различных исправлений в этой рукописи, и я полагаю, что одно из них исправлялось более одного раза.

На рисунке 21 можно увидеть две различные коррекции. Первая находится над верхней строкой на фотографии, где слова السبع *al-sabʿi*, «семь», из C23:86 были добавлены более поздним переписчиком и в стиле, сильно отличающемся от стиля оригинального переписчика. В первоначальном виде эта часть гласила: «Скажи: „Кто Господь небес и Господь Великого трона?"» С исправлениями, и в том виде, в каком она представлена в каирском издании 1924 года, она гласит: «Скажи: „Кто Господь **семи** небес и Господь Великого трона?"» Очевидно, что этот стих имеет смысл как со словом, так и без него; единственный вопрос заключается в том, какое чтение отражает оригинальный вариант.

Число семь встречается в нескольких местах Корана, но не является таким сильным мотивом, как, например, в Библии. Есть еще одно фолио, вероятно, VIII века, или, возможно, конца VII, из числа рукописей из Саны, в котором пропущено слово семь в C9:80, где это слово действительно существует в стандартном тексте в современном виде[15]. Эта страница, хотя и исправленная в другом месте, в этом месте не исправлена; это «упущение»[16] было сохранено корректором. Детали в этой рукописи, в стихе, который, по-видимому, имеет сильные интертекстуальные коннотации, связанные с числом семь, навели меня на подозрение, что это слово «семь» имеет какое-то особое значение. В C9:80 говорится о прощении, и, с включением «семидесяти», внезапно появляются два схожих элемента с Евангелием от Матфея 18:21-22: «Тогда Петр приступил к Нему и сказал: „Господи! сколько раз прощать брату моему, согрешающему против меня? До семи ли раз?" Иисус говорит ему: не говорю тебе: до семи раз, но до седмижды семидесяти раз». Для ясности, пропуск в C9:80 встречается в другой рукописи, не в той, что изображена выше, но благодаря этому я нахожу особенно интересными любые вставки или варианты прочтения с участием слов «семь» или «семьдесят».

Нижняя строчка на фото вверху также содержит коррекцию, и я думаю, это было сделано другим корректором. Это вставленный ʾalif перед li-llāhi, «Аллаха» из C23:87. Результат не согласуется с текстом 1924 года, но он соответствует прочтению Абу Амра (и еще одному); сегодня это стандарт в некоторых частях мира. Эффект заключается в преобразовании слова «Аллаха» в «Аллах». Это слово является ответом на вопрос, заданный в предыдущем стихе: «Кто есть Господь семи небес и Господь Великого Трона?» Это преобразование в данном конкретном стихе обсуждал Кук, который отмечает, что полученное в результате прочтение, судя по всему, соответствует кодексу, отправленному Усманом в Басру, как описано у ад-Дани[17].

Овальный знак, частично изображенный на рисунке, также находится над словами, следующими за этим исправлением. В нем отмечается, что слова والارض *wa-l-'arḍ,* «и земля» (которых нет в тексте 1924 года) должны быть заменены на *al-sabʿi*[18]. Таким образом, «небеса и земля» в этой рукописи превратились в «семь небес».

РИСУНОК 22: *иллюстрация местоположения исправления примера 7 по сравнению с каирским текстом 1924 года*

Пример 8: Запись поверх стертого текста в Коране 1-го/VII в., сделанная, возможно, самим переписчиком и, вероятно, вскоре после создания рукописи.

РИСУНОК 23: *BnF* arabe 330, *фолио 55r.*

BnF arabe 330 представляет собой фрагмент из 69 больших вертикальных пергаментных фолио, приблизительно 37 см (14,5 дюймов) в высоту и 28 см (11 дюймов) в ширину. Это составная рукопись; не все ее фолио взяты из одного и того же оригинального Корана. Профессор Дерош классифицировал эти фолио по различным стилям письма: Хиджази III, A.I и B.Ib[19]. Недавно он классифицировал часть 330c как стиль O I[20], и считает ее частью Омейядского Кодекса из Фустата[21]. Страница (из 330g), показанная выше, на данный момент остается неклассифицированной[22]. Я дважды посещал BnF arabe 330 и отметил 65 исправлений на его страницах.

В примере, изображенном выше, слово *allāh* («Аллах») из C4:149, по-видимому, было заменено на الله كان *allāhu kāna*, «Аллах есть, является», путем стирания и перезаписи. Это изменение, по-видимому, является работой первоначального переписчика и, возможно, произошло в процессе переписывания (например, после перечитывания строки или всей страницы, как только она была закончена). Вероятно, слово *kāna* изначально было опущено, поскольку фраза *fa-ʾinna llaha ʿafuwwān qadīran*, «воистину, Аллах - Снисходительный, Всемогущий», была скорректирована, чтобы исправить грамматическую ошибку.

Этот стих несет в себе тот же смысл, как с этим словом, так и без него, но его включение сегодня является стандартным. Я не нашел упоминания о проблеме в этом месте в литературе по кираатам.

Это не единственное исправление в этом фолио; семью строками ниже есть еще одна запись поверх стертого текста.

РИСУНОК 24: Иллюстрация расположения исправления в примере 8 по сравнению с каирским текстом 1924 года

Пример 9: Вставка слова "Милосердный" после создания рукописи.

РИСУНОК 25: BnF arabe 327, *фолио 12v*.

Это второй пример исправления из BnF *arabe* 327. Общее описание рукописи можно найти в примере 7 выше.

В данном случае слова الرحيم *al-raḥīm*, «Милосердный», в С42:5 были опущены во время составления рукописи и были добавлены над строкой позже. Исправление в данном случае, по-видимому, является работой другого переписчика. Это последнее слово стиха, и оно является последним из двух качеств Аллаха, которыми обычно заканчивается стих. Когда рукопись была написана, этот стих гласил: "Аллах — Прощающий". В исправленном виде и в соответствии с сегодняшним стандартом оно гласит: «Аллах — Прощающий, **Милосердный**».

В этой коррекции есть еще две интересные вещи. Во-первых, похоже, что она была написана двумя разными перьями, одно очень узкое, а другое немного шире, хотя все же не такое широкое, как то, которое использовалось при первоначальном создании этой страницы. Во-вторых, в какой-то момент сама коррекция как будто была стерта или почти стерта.

Стих грамматически корректен и семантически верен и без вставки, но ее отсутствие нарушает стандартный ритм, поскольку обычно ожидается, что в конце стиха будут указаны два качества Аллаха. Кроме того, первое слово пары, الغفور *al-ghafūr*, «Прощающий», не соответствует схеме рифмовки других окончаний стихов в этой главе, в то время как вставленное *al-raḥīm* соответствует. В Коране есть ряд мест, где окончания стихов отклоняются от общей схемы рифмовки, и отклонение может служить поэтической цели[23], но трудно представить, чтобы этот стих читался только с одним качеством.

РИСУНОК 26: *иллюстрация местоположения исправления в примере 9 по сравнению с каирским текстом 1924 года.*

Пример 10: Вставка в средней строке в рукописи Хиджази 1/VII века после изготовления рукописи.

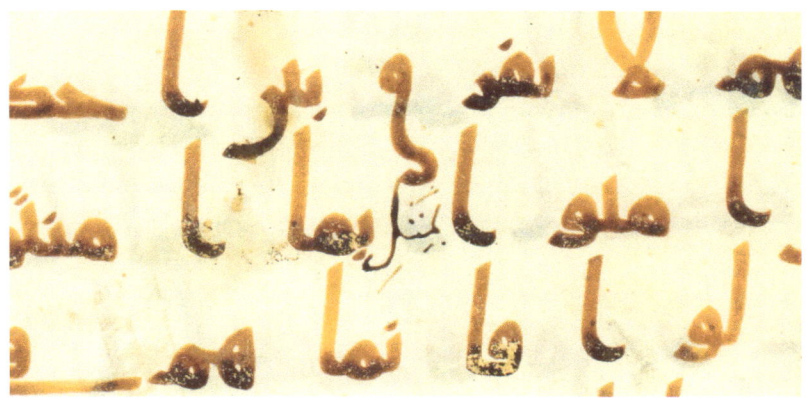

РИСУНОК 27: BnF arabe 331, фолио 1v.

BnF *arabe* 331 также находится в Национальной библиотеке Франции. Это хорошо сохранившийся фрагмент из 56 очень больших пергаментных фолио около 39,5 см (15,5 дюймов) в высоту и 34 см (13,5 дюймов) в ширину. В нем примерно по 19 строк текста на странице. Дерош определил стиль его написания как B.Ia[24].

В приведенных выше деталях этой рукописи слово مثل *mithli*, «как», в C2:137 было опущено при первоначальном написании, а затем добавлено позже, с предшествующим *bi*. Исправление сделано совсем другим почерком, с использованием гораздо более узкого пера; на странице оно выглядит почти как современное исправление. Как уже было сказано, чернила, использованные для вставки, очень близки по цвету и консистенции к оригинальному тексту на этой странице. Вероятно, это было просто очень хорошее совпадение по чернилам, но об этом стоит упомянуть.

Одной из интересных особенностей этого случая является то, что буква *bi*, которая была написана изначально и соединялась с *mā*, не была стерта, поэтому текст в его нынешнем виде содержит лишнюю букву по сравнению с каирским текстом 1924 года; эта часть в нем написана как امنوا بمثل بما *amanū bi-mithli bi-mā*, а это явно неправильный вариант.

В том виде, в каком этот стих был написан изначально, он имеет грамматический и семантический смысл: «Если они уверуют **в** то, во что уверовали вы», по сравнению с каирским текстом 1924 года, который приблизительно переводится как «Если они уверуют **сходно с** тем, во что уверовали вы».

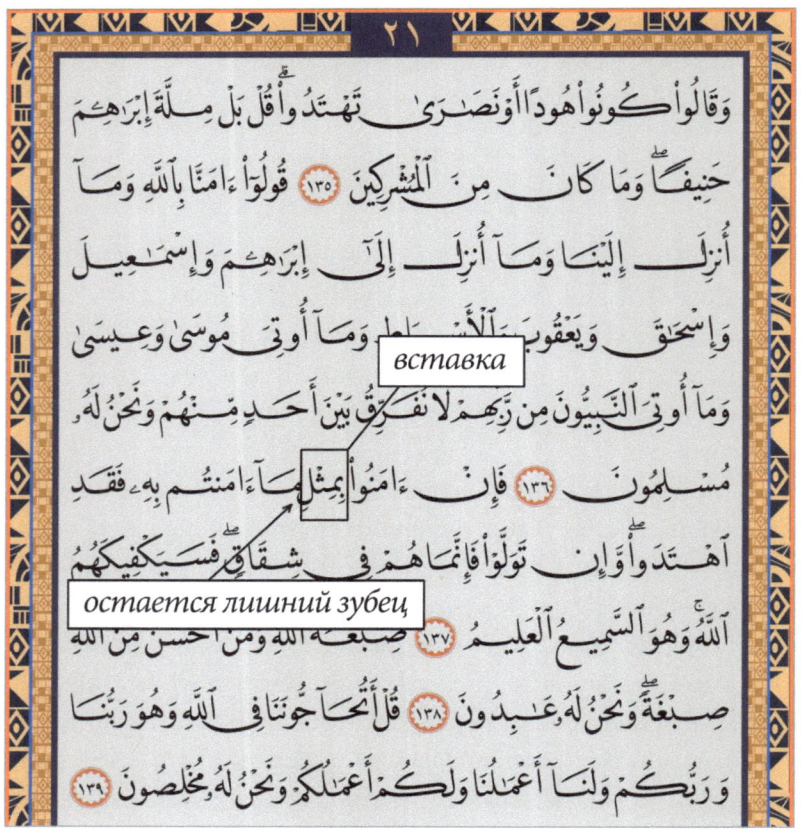

РИСУНОК 28: Иллюстрация расположения исправления в примере 10 по сравнению с каирским текстом 1924 года

Пример 11: Вставка слова "Аллах" на полях в кодексе Топкапы после изготовления рукописи.

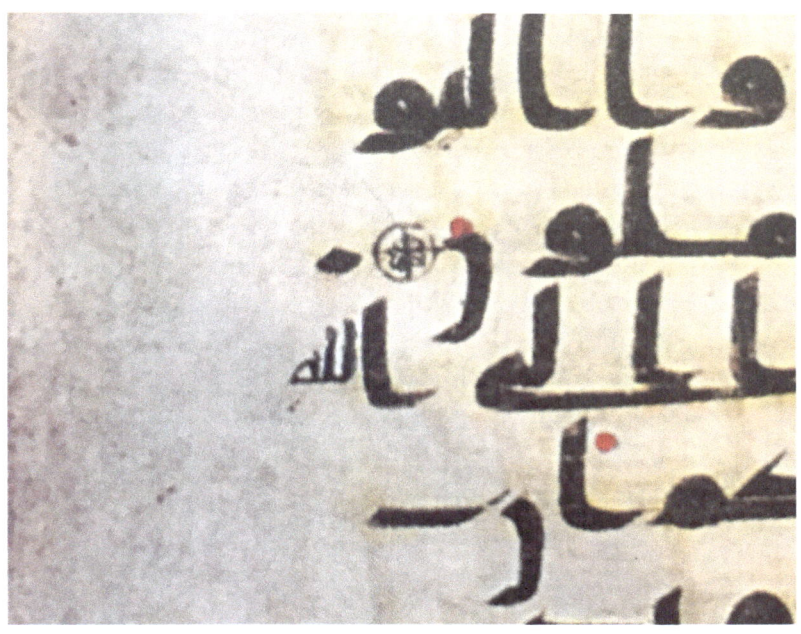

РИСУНОК 29: *Кодекс Топкапы, стр.374v.* (Источник: Altıkulaç, Tayyar, Ed. Al-Muṣḥaf al-Sharif attributed to ʿUthmān bin ʿAffān (The copy at the Topkapı Palace Museum). *Стамбул : IRCICA, 2007.*)

Это второй пример исправления из кодекса Топкапы, а также дополнительная вставка, включающая слово *allāh*.

Эта вставка *lām-lām-he* встречается ближе к началу С66:8. В первоначальном виде в этом стихе отсутствовало первое слово *allāh*. Это изменение было внесено очень маленьким пером и, вероятно, произошло спустя долгое время после изготовления этой рукописи. Вполне возможно, что это дополнение является современным вмешательством.

До вставки это можно было бы прочитать так: «О те, которые уверовали! Раскаивайтесь искренне», если бы первоначально не было включен ʾ*alif* после ʾ*ilā*. Для некоторых из этих архиграфем существует определенный диапазон возможностей — например, если бы некоторые буквы сопровождались другой расстановкой знаков, чем это делается сегодня, и передавали бы другие согласные, и это могло бы привести к альтернативным чтениям; но в этой рукописи под буквой, которая обладает наибольшей гибкостью в отсутствие дифференциации, стоит точка, которая привязывает нас к *bā'*. Итак, мне не ясно, что подразумевалось в первоначальной версии, и можно ли было ее нормально прочитать. Однако стоит отметить, что рассматриваемое слово также является частью раздела, который был стерт и переписан заново в рукописи Марсель 104, хранящейся в Российской Национальной библиотеке, и это исправление будет представлено, среди многих других, в моей будущей большой книге.

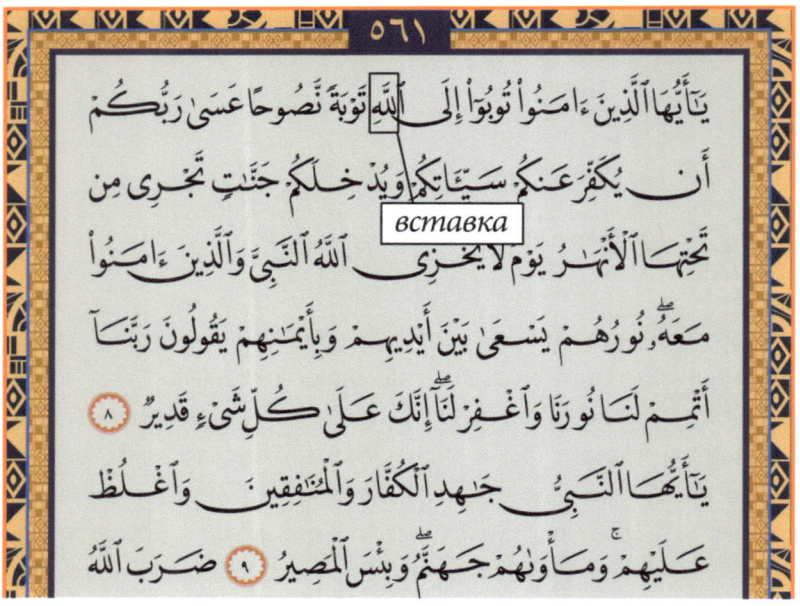

РИСУНОК 30: Иллюстрация расположения исправления в примере 11 по сравнению с каирским текстом 1924 года

Пример 12: Растянутая надпись поверх стертого текста в Коране 1/VII века.

РИСУНОК 31: *BnF* arabe 328, фолио 8r.

Этот пример показывает еще одно исправление в BnF *arabe* 328a, части Парижско-Петропольтанского кодекса. Эта рукопись уже была представлена в примере 2.

Показанное здесь исправление находится на фолио 8r, ближе к началу строки 13. В нем *ḍad-lām* в слове فضل *faḍlin*, «щедрость», из 3:171, были написаны поверх стертого текста. Отчетливо видны следы стирания, в том числе формы некоторых букв того, что было написано здесь изначально, среди которых были четыре тянущиеся вверх буквы, первой из которых предшествует буква, обозначенная коротким зубцом. Корректор использовал другое перо и чернила, отличные от тех, которые использовались при изготовлении страницы; кроме того, почерк и угол наклона шрифта отличаются от тех, которые использовались на остальной части страницы. Это изменение явно является более поздним вмешательством. Длина пространства, которое сейчас занимают эти две буквы, составляет 5,3 см, и обычно это пространство было бы занято пятью-одиннадцатью буквами в другом месте страницы. На этой странице есть еще только одно место, где на таком большом пространстве содержится всего пять букв.

Результатом этого исправления является *расм*, который на данный момент соответствует *расму* Каирского издания 1924 года.

РИСУНОК 32: Иллюстрация расположения исправления в примере 12 по сравнению с каирским текстом 1924 года

Я заметил определенные стихи[25] и слова[26], которые часто исправляются в рукописях Корана. Слово *faḍl* исправляется не часто, но оно имеет богословское значение[27]. Слово فضلنا *faḍalnā*, «мы превознесли», в С6:86 было написано поверх закрытого текста в Каирском *Мусхаф аш-Шарифе*. На данный момент это единственное исправление, которое я отметил в С3:171.

Пример 13: Надпись поверх стертого текста с очевидным изменением формы глагола

РИСУНОК 33: *BnF* arabe 340, фолио 26r.

BnF *arabe* 340 содержит 121 фолио, которые, как правило, написаны в горизонтальном формате на пергаменте. Это еще один составной фрагмент, означающий, что его фолио взяты не из одной оригинальной книги, а из нескольких. Ряд его страниц написаны более поздними стилями письма X и даже XI веков (например, D и NS)[28]. Дерош датирует *arabe* 340(f) IX веком[29]. Ряд этих фолио был классифицирован как B.II[30], что относит их к IX веку. Листы 1-12 и 13-30 (включая показанное здесь фолио) он оставил без классификации[31]. Показанное здесь фолио из BnF *arabe* 340(b), вероятно, относится к началу IX или даже VIII века.

Несмотря на то, что они изначально представляют разные кодексы, читателям будет полезно узнать, что я отметил 91 исправление на страницах BnF *arabe 340*.

Приведенный выше пример расположен на 26r, одном из фолио, стиль письма которого Дерош оставил без классификации, в середине второй строки. Здесь последнее *lām* в слове قال *qāla*, («сказал он») было стерто, и на его месте было написано *lām-wāw-alif*. Результатом является слово قالوا *qālū*, «они (мн. ч.)» в C34:35. В изначальном виде этот стих гласил: «**Он** сказал: „У нас больше [чем у вас] богатства и детей"». В том виде, в каком он стоит сейчас на странице рукописи, и в том виде, в каком он существует в каирском издании 1924 года, этот стих гласит: «**Они** сказали: „У нас больше [чем у вас] богатства и детей"».

Это не слишком драматичное исправление, и на страницах этого фрагмента есть другие, которые на самом деле более интересны, но моя цель в этой книге — не выбрать наиболее драматичные исправления, а, скорее, показать масштаб этого явления. Преобразования, включающие قال, или вариации на эту тему (в данном случае в третьем лице множественного числа), являются одними из наиболее распространенных типов исправлений в ранних Коранах.

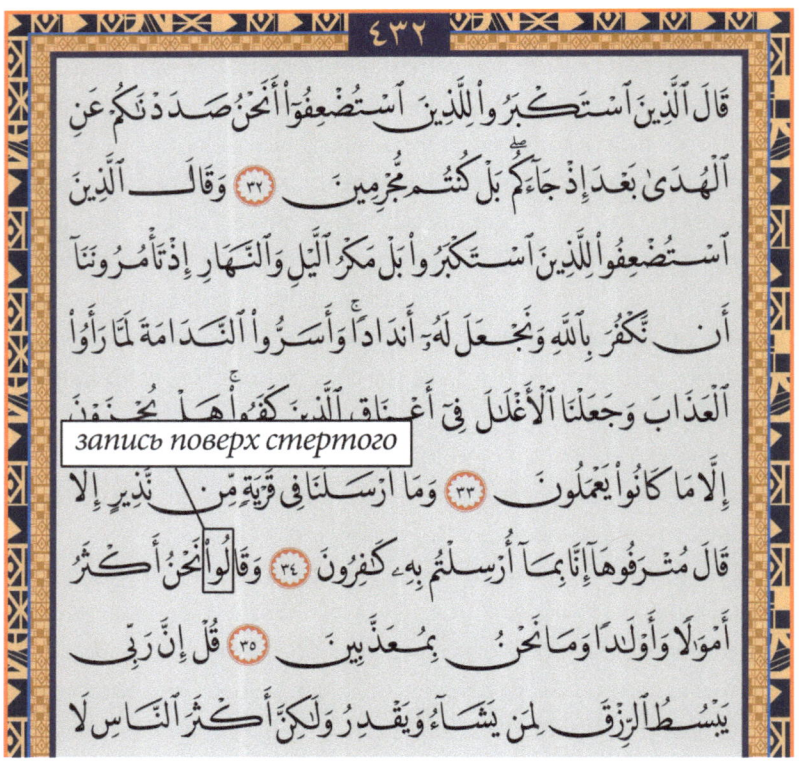

РИСУНОК 34: Иллюстрация расположения исправления в примере 13 по сравнению с каирским текстом 1924 года

Пример 14: Стирание, оставляющее пробел, в кодексе Топкапы

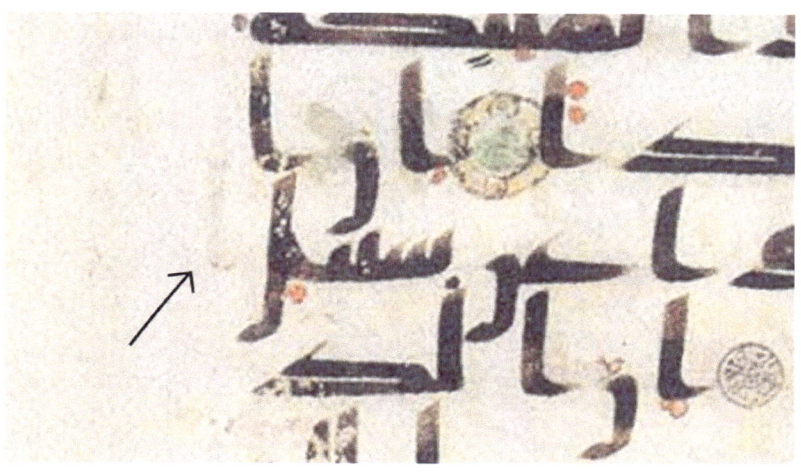

РИСУНОК 35: Кодекс Топкапы, фолио 65r, показывающее стирание одиночной ʾalif в конце строки 11. (Источник: Altıkulaç, Tayyar, Ed. Al-Muṣḥaf al-Sharif attributed to ʿUthmān bin ʿAffān (The copy at the Topkapı Palace Museum). Стамбул: IRCICA, 2007.)

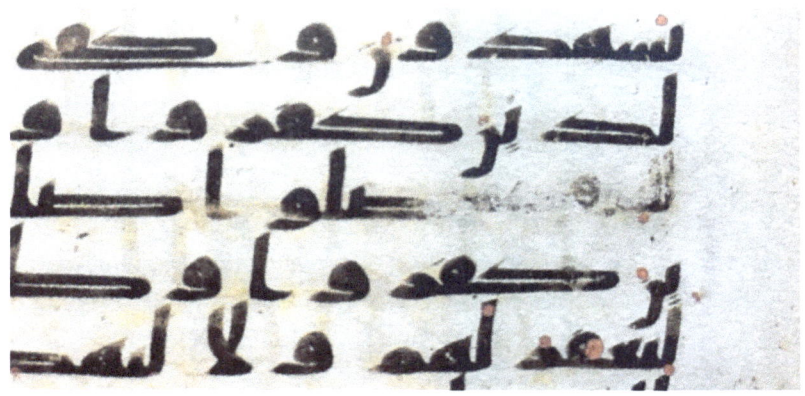

РИСУНОК 36: Кодекс Топкапы, фолио 65r, показывающий стирание llah qad в начале строки 12. (Источник: Altıkulaç, Tayyar, Ed. Al-Muṣḥaf al-Sharif attributed to ʿUthmān bin ʿAffān (The copy at the Topkapı Palace Museum). Стамбул: IRCICA, 2007.)

Вот третий пример из кодекса Топкапы. В данном случае было стёрто два слова в начале строки 12, причём первая буква в слове *Аллах* также была стёрта в конце строки 11. Видна тень того, что было написано изначально; это قد الله *allāhi qad*, «Аллах уже имеет», из С4:167.

Этот стих грамматически и семантически жизнеспособен и без той части, которая была стёрта. Если до исправления консонантный текст этого отрывка гласил: «Воистину, те, которые не уверовали и сбивали других с пути **Аллаха**, глубоко заблуждались», то после исправления в нём говорится: «Воистину, те, которые не уверовали и сбивали других с пути, глубоко заблуждались».

Причина этого удаления неясна, но очевидна его точность в удалении только выбранных слов. Кто-то во время этого исправления, очевидно, подумал, что этим словам не место в этом стихе.

Это необычное исправление, поскольку оно уводит страницу в этом месте от соответствия каирскому тексту 1924 года. Такие изменения составляют очень малую долю от общего числа исправлений, которые я отметил; обычно исправления приводят к тому, что *расм* соответствует или более точно, чем раньше, соответствует тому, что является стандартом сегодня. Естественно и обоснованно предположить, что корректор воспринял изменения, которые он вносил на страницу, как движение в сторону более правильного текста. Таким образом, в подобных случаях — и этот, в частности, является прекрасным примером — вопрос о том, что послужило основой для такого убеждения со стороны корректора, является интригующим.

Судя по факсимильному изображению, в строке 10, непосредственно перед концом строки, также было произведено стирание. Я не буду описывать это здесь, отчасти потому, что я в этом не уверен. Всегда лучше всего смотреть на рукописи непосредственно; даже очень хорошая фотография не сравнится с непосредственным изучением манускрипта. Конечно, с практической точки зрения, к этим объектам нельзя открывать доступ всем подряд, поэтому, когда мне удается посмотреть на них, я смотрю очень внимательно и делаю подробные заметки.

РИСУНОК 37: Иллюстрация расположения исправления в примере 14 по сравнению с каирским текстом 1924 года

Пример 15: Стирание, оставляющее пробел в рукописи VIII или IX века

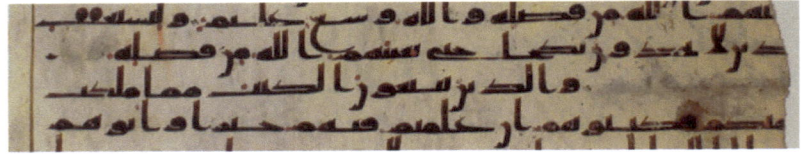

РИСУНОК 38: MIA.2013.19.2, оборотная сторона. (*Фото Брубейкера, с разрешения Музея исламского искусства*)

Это фрагментарное неполное фолио на пергаменте, хранящееся в Музее исламского искусства в Дохе, в Катаре. Почерк здесь очень похож на почерк кодекса Топкапы, а стиль — C.Ib.

В этом примере есть стирание в конце одной строки и в начале следующей. Оно находится после слова فضله *faḍlihi*, «Его милость», из С24:33. Следующее слово после вычеркивания — это слово, которое следует за *faḍlihi* в каирском издании 1924 года, то есть والذين *wa-ʾlladhīna*, «и те, кто». В рукописи невозможно различить, что изначально было написано в этом месте, которое сейчас пустует, поскольку не осталось тени, указывающей на форму букв.

Я отметил две рукописи, в которых в этом стихе исправлены несколько слов; другая — это BnF *arabe* 327, в которой большая часть текста была написана поверх стирания и, по-видимому, исправлялась более одного раза. Это интересное исправление, и я, конечно, подробнее расскажу о нём в одной из последующих публикаций. Однако это исправление не распространяется на рассматриваемый здесь раздел стиха; они не пересекаются.

Исправления в ранних рукописях Корана

РИСУНОК 39: Иллюстрация расположения исправления в примере 15 по сравнению с каирским текстом 1924 года

Расм этой страницы в ее нынешнем виде в этом месте совпадает с каирским изданием 1924 года, но в своем изначальном виде эта страница содержала что-то еще. Поскольку на данный момент эта рукопись является единственной известной копией с исправлениями в этом месте, мы должны подождать, чтобы увидеть, появится ли что-нибудь еще в ходе будущих исследований. Возможно, это была простая ошибка переписчика.

Пример 16: Вставка в Каирском Коране после создания рукописи

РИСУНОК 40: Каирский аль-Мусхаф аш-Шариф, продолжение 109r. (Источник: Altıkulaç, Tayyar, Ed. Al-Mushaf al-Sharif attributed to Uthman bin Affan (The copy at al-Mashhad al-Husayni in Cairo). (2 тома.) Стамбул: IRCICA, 2009.)

Этот пример взят из монументального кодекса, который хранится в экспозиции мечети Аль-Хусейна в Каире. Этот кодекс представляет собой огромную книгу, состоящую из 1088 пергаментных листов. Как и в случае уже упоминавшегося *мусхафа* Топкапы, его хранители и власти утверждали, что он является одним из *мусхафов* халифа Усмана. Это мнение отвергается учеными, включая доктора Алтыкулача, который относит время изготовления каирского *мусхафа* к концу VIII или началу IX века[32]. Я расскажу более подробно об этой рукописи в конце этой главы.

В данном случае слово كان *kāna*, «есть» из С4:33, не было написано в этом стихе на момент подготовки этой рукописи. Хотя на этой факсимильной фотографии сейчас видны только первые две буквы этого вставленного слова, здесь, по-видимому, было добавлено полное слово *kāna* очень тонким пером. Я хотел бы иметь возможность непосредственно ознакомиться с этой рукописью, чтобы подтвердить эту теорию.

Этот стих имеет смысл как со словом, так и без него, и его значение примерно одинаково в любом случае: «И у Аллаха есть сила (букв. „Аллах могуществен") над всем сущим». Как и во многих семитских языках, глагол «быть» часто не используется, поскольку его смысл подразумевается, когда прилагательное непосредственно следует за существительным, к которому оно относится. Глагол может быть включен, но это не является грамматически необходимым.

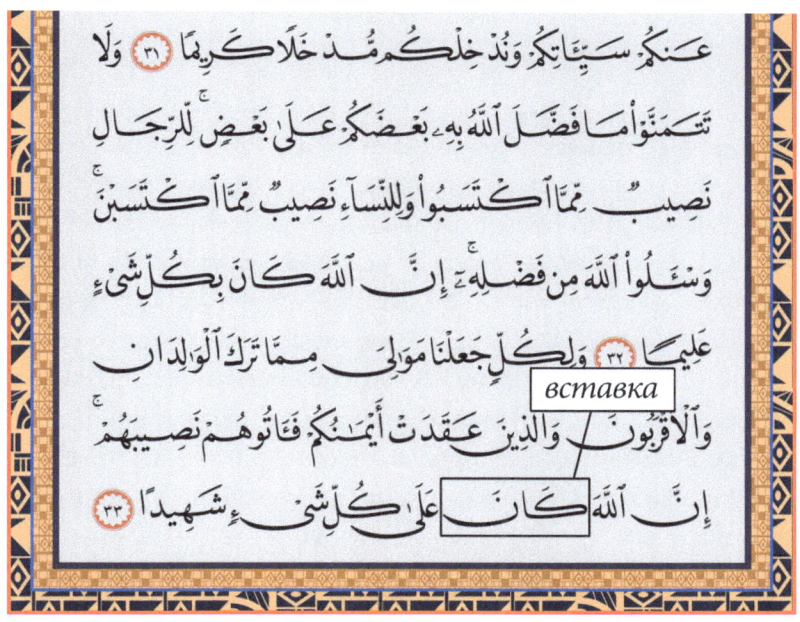

РИСУНОК 41: *Иллюстрация расположения исправления в примере 16 по сравнению с каирским текстом 1924 года*

Эта рукопись - не единственная, в которую было вставлено слово *kāna*. Аналогичная вставка *kāna* существует в NLR Марсель 17, фолио 11v, в C4:6; однако в этом случае, по-видимому, между первоначальным изготовлением и исправлением прошло не так много времени.

Пример 17: Исправление, включающее "allāh"

РИСУНОК 42: NLR Марсель 11, фолио 7r.

Эта запись поверх стёртого текста была сделана в Marcel 11, части так называемого Омейядского Кодекса из Фустата, который уже был представлен в примере 3 выше. Это вертикальный фрагмент из 12 фолио размером около 36,5 см (~ 14,5 дюйма) в высоту и 31 см (~ 12 дюймов) в ширину, написанный шрифтом O I. В нём по 25 строк на странице, и его фолио сейчас довольно хрупкие. В этом конкретном фрагменте очень много исправлений: я отметил 46 исправлений на 12 листах. Более того, некоторые из них весьма драматичны.

Это исправление находится на 7r, в середине строки 9. Всё, кроме первых двух букв фразы نعمة الله *niʿmata llāh*, «милость Аллаха», из С33:9, было написано поверх стирания. Были использованы другое перо и чернила, и судя по почерку, это писал другой человек. Кроме того, буквы написаны скученно. У меня сложилось впечатление, что изначально было написано *niʿmatihī*, «его благосклонность»; это как раз поместилось бы в этом месте и имело бы здесь грамматический смысл. Однако эта интерпретация - всего лишь разумное предположение; я не могу сказать наверняка.

РИСУНОК 43: Иллюстрация расположения исправления в примере 17 по сравнению с каирским текстом 1924 года

В дополнение к этому и многим другим исправлениям, в 12 фолио Марсель 11 есть четыре места, где слово *allāh* было пропущено и вставлено позже: 33:18, 33:24, 33:73, и 41:21 — они были показаны в примере 3.

В ранних рукописях суры 33 содержится изрядное количество исправлений. Большинство из них довольно небольшие, и многие связаны с орфографией. В BnF *arabe* 340. есть более обширный кусок текста, который был стерт и записан заново в стихе 73. Я более подробно расскажу об этом и других случаях позже.

Пример 18: Вставка слова "час" в рукописи 3-го/IX—4-го/X веков уже после завершения рукописи.

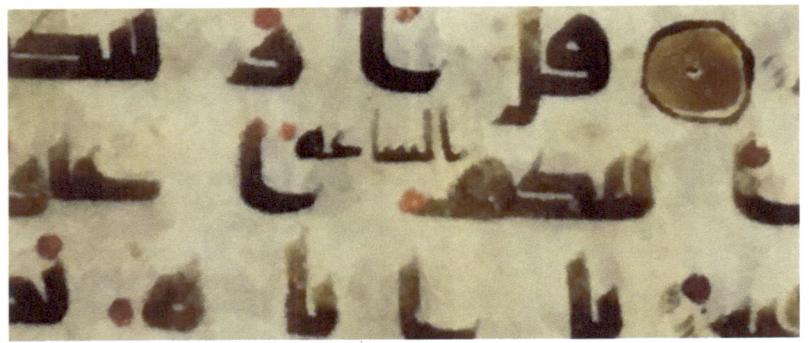

РИСУНОК 44: NLR Марсель 7, фолио 7r. (фото Брубейкера, с разрешения Российской национальной библиотеки)

Марсель 7 представляет собой горизонтальный пергаментный фрагмент Корана, состоящий из 10 фолио. Его страницы имеют размер 17,7 см (~ 7 дюймов) в высоту и 23,3 см (~ 9 дюймов) в ширину. Стиль письма, вероятно, D.IV, и, таким образом, это, скорее всего, рукопись IX или X века. Я отметил 8 исправлений на ее 10 листах, что является довольно высокой частотой исправлений для рукописи, созданной более чем через два столетия после времен Усмана.

В данном случае слово الساعة *al-sāʿah*, «час», в C6:40 было написано в виде надстрочной вставки. Это было сделано очень узким пером и другой рукой. Вполне возможно, что это более современная коррекция.

Это слово, *al-sāʿah*, было исправлено в других рукописях. В BnF *arabe* 340 в C15:85 есть довольно длинное исправление, переписанное поверх стертого текста, которое включает в себя это же слово в этом стихе; однако не совсем ясно, было ли в данном случае исправление связано именно с этим словом, или с каким-то другим. Слово *sāʿah* также написано поверх стёртого текста в C7:34 в рукописи E20, находящейся в Институте восточных рукописей, также в Санкт-Петербурге.

РИСУНОК 45: Иллюстрация расположения исправления в примере 18 по сравнению с каирским текстом 1924 года

Исправления, связанные с «часом», интересны, поскольку это слово указывает на эсхатологическую (то есть относящуюся к концу времён) или апокалиптическую темы, которые были бы усилены благодаря подобной вставке[33]. Как в 6:40, так и в 15:85 слово *al-sāʿah* является эсхатологическим указателем.

Пример 19: Запись поверх стертого текста, включающая слово "allah"

РИСУНОК 46: NLR Марсель 5, фолио 11r. (Фото Брубейкера, с разрешения Российской национальной библиотеки)

Хранящийся в Российской национальной библиотеке Marcel 5 представляет собой фрагмент пергамента из 17 фолио из Корана большого формата. Его страницы имеют размер 50 см (~19,5 дюйма) в высоту и 35 см (~ 14 дюймов) в ширину. Его текстовый блок имеет размеры 44 х 30 см (~ 17 х 12 дюймов). В нем по 20 строк на страницу. Многие буквы различаются диакритическими знаками, которые присутствуют в виде тонких диагональных знаков пера; они, по-видимому, были проставлены в рукописи изначально.

Приведенное выше исправление содержится на 11 фолио *recto*. В нем слова هو الله *huwa llāh*, «Он - Аллах», из С34:27 были написаны поверх стертого текста. Это не работа оригинального переписчика; чернила другие, и буквы скорее нарисованы, чем написаны. Слово *huwa*, которое выходит на поля справа, вероятно, является частью той же коррекции, хотя, по крайней мере, возможно, что оно было добавлено позже. Если бы этого слова не было, в этом месте стих гласил бы: «ибо Аллах - могущественный, мудрый»; вместе с ним, и как теперь читается и в этой рукописи, и в каирском издании 1924 года, в нем говорится: «ибо **Он - Аллах**, могущественный, мудрый».

Я не уверен, что было написано здесь первым, но я предполагаю, что изначально в этой рукописи было просто *huwa*, причем субъект (Аллах) подразумевался, но не был явным: «**Он** - могущественный, мудрый». В этом случае *huwa* бы стерли, а на его месте написали *allāh* или *huwa llāh*. Это предположение, но оно как раз поместилось бы на этом месте и имело бы смысл.

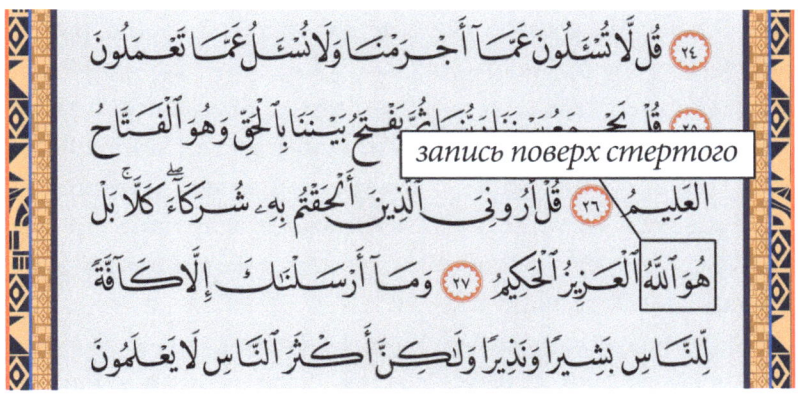

РИСУНОК 47: Иллюстрация расположения исправления в примере 19 по сравнению с каирским текстом 1924 года

Такого рода исправления — то есть замена подразумеваемого упоминания об Аллахе или местоимения, относящегося к Нему, фактическим словом *allāh* — не редкость, как должно быть ясно к этому моменту и в свете других приведенных выше примеров.

Пример 20: Запись поверх стертого текста почти полной строки, включающей слово "обеспечение"

РИСУНОК 48: MIA.2014.491, фолио 7v. (фото Брубейкера, с разрешения Музея исламского искусства)

Расположенный в Музее исламского искусства в Дохе, этот объект представляет собой небольшой фрагмент Корана в горизонтальном формате из девяти пергаментных фолио размером приблизительно 17,5 см (~ 7 дюймов) в высоту и 28 см (~ 11 дюймов) в ширину. Его стиль написания - B.II.

Этот фрагмент содержит несколько интересных исправлений. Здесь показано стирание и перезапись целой строки в середине 7 фолио. Новый текст — مما رزقنهم ينفقون و *wa-mimmā razaqnāhum yunfiqūna*, «из того, чем Мы их обеспечили», в C8:3, плюс начальный ʾ*alif* следующего стиха. Следы стирания на этой странице довольно отчетливы, и текущее написание в этой строке несколько растянуто, чтобы заполнить пробел, что указывает на то, что текст, который был написан здесь изначально, был длиннее.

В ранних рукописях Корана слово *rizq*, «обеспечение», исправляется или является частью более крупных исправлений (как в данном случае) довольно часто. Это была настолько заметная особенность, что она возглавила мой список часто исправляемых слов в ранних рукописях Корана в докладе на конференции, который я представил в Международной ассоциации изучения Корана несколько лет назад. Я пока не уверен, почему *rizq* так часто исправляется, то есть, в чем проблема, но я не удивлюсь, если эта проблема послужила мотивацией для данного конкретного случая исправления.

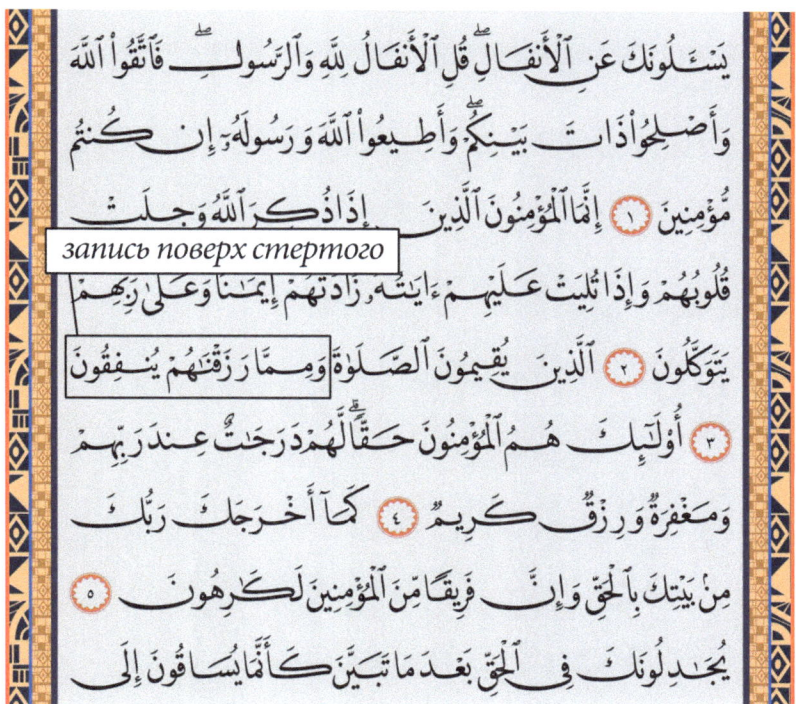

РИСУНОК 49: Иллюстрация расположения исправления в примере 20 по сравнению с каирским текстом 1924 года

На этом я завершаю изложение двадцати примеров. Я отдаю себе отчёт в том, что с учётом примеров 3 и 5 (в особенности), которые содержат по нескольку исправлений в каждом, я на самом деле показал более двадцати. Моим намерением было проявить щедрость в духе старой американской традиции «пекарской дюжины». Кроме того, я хотел воспользоваться возможностью, чтобы продемонстрировать некоторые очевидные закономерности коррекции (например, в примере 3), которые было бы труднее увидеть, если бы я просто описал их отдельно.

Еще один феномен: закрытый текст в Каирском мусхафе?

РИСУНОК 50: Каирский Аль-Мусхаф аль-шариф, фолио 33v. (Источник: Altıkulaç, Tayyar, Ed. Al-Mushaf al-Sharif attributed to Uthman bin Affan (The copy at al-Mashhad al-Husayni in Cairo). *(2 тома.) Станбул: IRCICA, 2009.)*

Просматривая рукописи для моей докторской диссертации, я наткнулся на несколько мест, где текст как будто бы чем-то закрыт. Из предосторожности я не классифицировал их как исправления и даже сейчас неохотно делаю это, поскольку в большинстве случаев у меня не было возможности непосредственно ознакомиться с рассматриваемыми рукописями, чтобы провести тщательную оценку.

Выше изображена одна страница из монументального Корана, который, по мнению Алтыкулача, вероятно, датируется концом VIII века или началом IX. Это интересная рукопись по целому ряду причин, не последней из которых является ее изменчивое соответствие то одному, то другому задокументированному кодексу:

> Сравнение, которое мы провели между мусхафами, приписываемыми халифу Усману, в 44 местах, касательно произношения, лишней или отсутствующей буквы и структуры слов, наводит нас на мысль, что этот мусхаф не связан ни с одним из мусхафов халифа Усмана. ...этот мусхаф отличается от Мединского мусхафа в 14 из 44 мест, от Мекканского мусхафа — в 15 местах, от Куфийского мусхафа — в 7 местах, от мусхафа из Басры — в 9 местах, и от Дамасского мусхафа — в 28 местах. В результате, хотя Каирский мусхаф имеет общие черты с одним или несколькими из этих мусхафов в каждом из 44 мест, он не совпадает на сто процентов ни с одним из них.[34]

Эта рукопись насчитывает более 1000 фолио. Многие из них имеют похожие заклеенные места, которые скрывают части текста. По моему опыту, такая лента иногда используется для укрепления слабого места на странице, например, там, где кислотность чернил за столетия разъела пергамент, и я наблюдал, по крайней мере, один случай применения такой ленты с целью ремонта во фрагменте рукописи того же возраста и стиля письма, что и Каирский мусхаф. Действительно, на многих страницах Каирского мусхафа то, что было написано под лентой, выходит за края ленты и, по-видимому, соответствуют тому, что мы ожидали бы увидеть там по сравнению с Каирским изданием 1924 года.

Таким образом, когда я сталкиваюсь с использованием подобных лент, моя первая цель состоит в том, чтобы исключить возможность того, что лента была применена просто с целью восстановления страницы. Если бы перед нами была рукопись, мы могли бы взглянуть на страницу, чтобы оценить ее состояние, а также осмотреть оборотную сторону страницы, чтобы увидеть, нет ли следов трещин или ветхости пергамента в том месте, где на оборотной стороне была наклеена лента.

Что касается каирского *мусхафа*, то у меня пока не было возможности лично ознакомиться с этими страницами. Я надеюсь, что однажды мне будет позволено это сделать.

Таким образом, при отсутствии возможности непосредственного осмотра мы должны работать по фотографиям, и первое, что я делаю после того, как внимательно изучил сторону с лентой, — я рассматриваю фотографию оборотной стороны той же страницы. Во многих случаях в каирском *мусхафе*, как на фолио 33, изображенном выше, оборотная сторона страницы выглядит совершенно исправной. Таким образом, это наблюдение оставляет открытой возможность того, что лента может служить другой цели, такой как выборочное сокрытие чего-либо, что написано на странице.

Если *расм* под лентой на странице, показанной выше, соответствует каирскому изданию 1924 года, то покрытые участки будут следующими:

- Строка 1 - Все, кроме первых трех букв من واخرجهم حيث *wa-ʾakhrijūhūm min ḥaythu*, «изгоняйте их оттуда, откуда...», из C2:191.
- Строка 5 - Все, кроме первых двух и двух последних букв قتلوكم فان *fa-ʾin-qātalūkum*, «итак, если вы будете сражаться, чтобы убить их», из C2:191.

- Строка 6 - Все, кроме первых пяти букв كذلك فاقتلوهم *fa-qtulūhum kadhālika*, «тогда убивайте их, таково...» из C2:191.
- Строка 7 - Все, кроме последних пяти букв в فان انتهوا *fa-ʾini-ntahaū*, «и если они прекратят», из C2:192.
- Строка 8 - Первые три буквы غفور *ghafūrun*, «прощающий», и последние три буквы رحيم *raḥīmun*, «милосердный», из C2:192.
- Строка 10 - Все, кроме первой буквы الدين لله *al-dīnu li-llāh*, «религия посвящена Аллаху», из C2:193.
- Строка 11 - Все, кроме последней буквы عدون *ʿudwān*, «вражда», из C2:193.
- Строка 12 - Последние две буквы بالشهر *bi-ʾl-shahr*, «в месяце», из C2:193.

Пока я не увижу, что скрывается под лентой, я не знаю, что было скрыто в каждом конкретном случае. Тем не менее, я думаю, стоит упомянуть, что эти покрытия существуют и во многих случаях, по-видимому, применялись, когда не было необходимости в реставрации страницы, возможно, для того, чтобы скрыть то, что было написано на странице в определенных местах.

РИСУНОК 51: *Каирский* Мусхаф-Аш-ШАриф, *фолио 430r* (Источник: Altıkulaç, Tayyar, Ed. Al-Mushaf al-Sharif attributed to Uthman bin Affan (The copy at al-Mashhad al-Husayni in Cairo). (*2 тома.*) *Стамбул: IRCICA, 2009.*)

Наконец, существует проблема надписи поверх покрытий. Выше приведен один из примеров этого. В Каирском мусхафе есть много мест, где покрытый текст был переписан прямо поверх покрытия. На фотографии выше видно, что это произошло в трех местах:

- В первой строке, изображенной на рисунке, всё, кроме первых двух букв بانفسهم *bi-ʾanfusihim*, «самих себя», из C13:11, было написано поверх такой ленты.
- На предпоследней строке, изображенной на рисунке, всё, кроме начального *ʾalif* из الذى يركم *alladhī yurikum*, «Тот, кто показывает вам», из C13:12, также написано поверх ленты и довольно растянуто. Растяжение в этой рукописи встречается нередко, но в этом месте оно более выраженно, чем обычно. Примечательно, что в том, как эта фраза написана на ленте, пропущена одна буква по

сравнению с Каирским изданием 1924, который имеет дополнительную *ya'* между *ra'* и *kaf*, اَلَّذِى يُرِيكُم.
- В последней строке, وطمعا *wa-ṭama'an*, «и надеялись» из C13:12, также было написано поверх ленты.

Во всех этих случаях невозможно различить то, что было написано под лентой изначально, но, вероятно, это можно было бы увидеть, если осторожно отделить ленту от страницы. Возможно, то, что написано внизу, совпадает с тем, что было написано сверху, но в этом нет полной уверенности. Учитывая множество других случаев исправления в рукописях Корана, я не исключаю возможности того, что некоторые из этих записей сделаны с намерением скрыть альтернативный текст или, в случае нового текста поверх закрытого, изменить то, что было написано изначально.

---

1. Altıkulaç, Tayyar, ed., *Al-Muṣḥaf al-Sharif attributed to 'Uthmān bin 'Affān (The copy at the Topkapı Palace Museum)* (Стамбул: IRCICA, 2007), 5-13.
2. Там же, 10-13. (переведено)
3. Déroche, François, *Qur'āns of the Umayyads: A first overview* (Лейден: Brill, 2014), 17.
4. Déroche, François, *La transmission écrite du Coran dans les débuts de l'Islam: Le codex Parisino-petropolitanus* (Лейден: Brill, 2009), 173; Déroche, François, *Qur'ans of the Umayyads: A first overview* (Лейден: Brill, 2014), 34.
5. Там же.
6. Altıkulaç, Tayyar, *al-Muṣḥaf al-Sharīf Attributed to 'Uthman bin Affān: The Copy At al-Mashhad al-Husayni in Cairo* (Станьул: IRCICA, 2009), 131-3.
7. На протяжении всей этой книги я расшифровываю архиграфему A LLH как *allāh*. Использование ā вместо a добавляет элемент (предположение долгой гласной), который, строго говоря, отсутствует в рукописях.
8. Déroche, François, *Qur'ans of the Umayyads: A first overview* (Лейден: Brill, 2014), 96.
9. Déroche, François, *La transmission écrite du Coran dans les débuts de l'islam: Le codex Parisino-petropolitanus* (Лейден: Brill, 2009), 10 и далее.
10. Déroche, François, *Qur'ans of the Umayyads: A first overview* (Лейден: Brill, 2014), 75-7, 154-5.
11. Там же, 105.

12. В современных условностях, связанных с этим конкретным словом, даже такой способ его написания (т.е. с *wāw*) транслитерируется как ṣalāt, но, согласно моим замечаниям о транслитерации в начале этой книги, я нарушаю стандартную практику, чтобы точно представить шрифт таким, каким он появляется на странице.
13. «Birmingham Qur'an manuscript dated among the oldest in the world,» University of Birmingham, опубликовано 22 июля 2015 г. https://www.birmingham.ac.uk/news/latest/2015/07/quran-manuscript-22-07-15.aspx
14. Sadeghi, Behnam и Uwe Bergmann, «The Codex of a Companion of the Prophet and the Qur'ān of the Prophet,» я *Arabica* 57 (январь 2010): 343- 436. См. также Sadeghi, Behnam и Mohsen Goudarzi, «Ṣanʿā I and the Origins of the Qur'ān,» я *Der Islam* 87 (марта 2012): 1-129.
15. Brubaker, Daniel, «Asking Forgiveness Seventy Times», (доклад на конференции, ежегодное собрание Middle East Studies Association, Сан Диего, Калифорния, ноябрь, 2010).
16. Я заключаю «упущение» в кавычки, потому что тот факт, что страница, на которую я ссылаюсь, была исправлена, но эти слова не были добавлены, требует от нас, по крайней мере, задуматься о том, ощущались ли эти слова уместными здесь во время и в месте как первоначального создания, так и исправления этой рукописи.
17. Cook, Michael, «The stemma of the regional codices of the Koran,» в *Graeco-Arabica: Festschrift in honor of V. Christides Τιμητικοσ Τομοσ Βασιλειου Κρηστιδη* (Афины: Graeco Arabica, 2004), 93-4. Об этом можно сказать еще многое, поскольку это конкретное изменение отражает то, что широко обсуждалось в литературе того времени. Однако для целей этой книги этого замечания достаточно.
18. Спасибо Марийн ван Путтен за это объяснение. Я просматривал это исправление в течение многих лет — конечно, мое внимание сосредоточено на тысячах страниц, а не только на этой, - не осознавая, что именно в этом заключалась здесь функция овального знака.
19. Déroche, François, *Catalogue des manuscrits arabes : deuxième partie : manuscrits musulmans : tome I, 1* (Париж: Bibliothèque nationale, 1983), 63-69.
20. Déroche, François, *Qur'ans of the Umayyads: A first overview* (Лейден: Brill, 2014), 80.
21. Там же, 76.
22. По словам ван Путтен, его стиль очень близок к стилю CBL Is 1615 I/II в Дублине, а почерк почти идентичен. (Из личного общения)
23. Stewart, Devin, «Divine Epithets and the *Dibacchius: Clausulae* and Qur'anic Rhythm,» в *Journal of Qur'anic Studies* 15.2 (2013): 22-64. Стюарт проделал хорошую работу над видами рифмовки, задавшись вопросом, могут ли текущие прочтения в некоторых случаях не совпадать с первоначальными. Я был заинтригован, когда впервые услышал, как он представил статью на эту тему несколько лет назад, и я считаю, что

направление исследования имеет потенциал как полезный инструмент в нашем инструментарии в ближайшие годы исследования рукописей.

24. Déroche, François, *Catalogue des manuscrits arabes : deuxième partie : manuscrits musulmans : tome I, 1* (Париж: Bibliothèque nationale, 1983), 67.
25. Brubaker, Daniel, «Frequently Corrected Verses In Early Qurʾān Manuscripts,» (доклад, представленный на ежегодной конференции Европейской Ассоциации Библейских Исследований, Лёвен, Бельгия, июль 2016).
26. Brubaker, Daniel, «Corrections involving the word *rizq* ("provision") in early Qurʾāns,» (доклад, представленный на ежегодной конференции Международной ассоциации изучения Корана, Сан-Антонио, Техас, ноябрь 2016 г.)
27. Rubin, Uri, «Meccan trade and Qurʾānic exegesis (Qurʾān 2:198),» в *Bulletin of the School of Oriental and African Studies, University of London* 53 no. 3 (1990), 421-428.
28. Déroche, François, *Catalogue des manuscrits arabes : deuxième partie : manuscrits musulmans : tome I, 1.* (Париж: Bibliothèque nationale, 1983), 109, 120, 131, 138.
29. Déroche, François. *The Abbasid Tradition: Qurʾans of the 8th to the 10th Centuries AD* (Лондон: Nour Foundation, 1992), 54-55.
30. Déroche, François, *Catalogue des manuscrits arabes : deuxième partie : manuscrits musulmans : tome I, 1.* (Париж: Bibliothèque nationale, 1983), 69.
31. Там же, 147.
32. Altıkulaç, Tayyar, *al-Mushaf al-Sharīf Attributed to ʿUthmān bin Affān: The Copy At al-Mashhad al-Husayni in Cairo*, 2 тома. (Станьул: Organisation of the Islamic Conference Research Centre for Islamic History, Art, and Culture (IRCICA), 2011), 124-5.
33. Rahman, Fazlur, *Major Themes of the Qurʾan* (Чикаго: The University of Chicago Press, 2009), 106ff; Cook, David, *Contemporary Muslim Apocalyptic Literature* (Сиракузы: Syracuse University Press, 2005), 8-9.
34. Переведено с Altıkulaç, Tayyar, *al-Mushaf al-Sharīf Attributed to ʿUthmān bin Affān: The Copy At al-Mashhad al-Husayni in Cairo*, 2 тома. (Станбулл: Organisation of the Islamic Conference Research Centre for Islamic History, Art, and Culture (IRCICA), 2011), 124-5.

3
ВЫВОДЫ

Коран был и продолжает иметь важное значение в жизни людей. Во многих частях мира это источник региональной, культурной и духовной гордости, прочно вплетенный во все сферы жизни. Это также исторический объект, связанный с одним из самых драматичных и продолжительных движений политического завоевания и колонизации в мировой истории. Он утверждает (например, С2:1), что является откровением от Бога, и об этом также заявлял сам Мухаммад. Кроме того, как произведение арабской письменности (Арабский: *kitāb*) с поэтическими и лингвистическими нюансами, отсылками к событиям и деталям своего времени, а также к библейским писаниям (еврейская Библия и Новый Завет) и апокрифическим сочинениям, оно содержит сложно переплетенные богословские и исторические темы. По этим и многим другим причинам, этот объект привлекал внимание ученых во многих различных сферах и направлениях.

Оставляя на данный момент в стороне религиозные соображения — поскольку они, как правило, выходят за рамки академических исследований, — поговорим о различных подходах к истории Корана. Например, существует анализ через призму вторичной литературы, как арабских/мусульманских источников[1], так и других[2], оба из которых могут нести в себе особые проблемы, включая внутренние или внешние противоречия[3]; существует лингвистический[4] Л и поэтический или хиастический[5] анализ слов и словосочетаний[6] самого Корана или присутствия заимствованных слов[7]; существует самореферентность[8] Корана, изучается историческое содержание и подсказки в тексте Корана, такие как места, люди, а также ссылки на исторические события и топографию[9], рассматриваются теологические и юридические темы и мотивы Корана в контексте времени и места его распространения[10], и многое другое.

Кроме того, проводится анализ материальной истории[11], включающий физические следы отрывков из Корана, например, в надписях на камнях или на памятниках ранних периодов времени. Это включает в себя рассмотрение политических обстоятельств в период, последовавший за жизнью Мухаммада[12].

Большое значение в истории материала, конечно, имеют рукописи, которые служат свидетелями как времени их первого создания, так и времени исправления, если таковые имелись.

На предыдущих страницах я приводил примеры исправлений в рукописях Корана, которые были сделаны в первые несколько столетий после смерти Мухаммада. Как уже говорилось ранее, я выбрал для данной работы не самые яркие примеры, а скорее, хорошую группу образцов, представляющих широкий диапазон этого явления. Чтобы принести читателям максимальную пользу, я решил не выбирать исправления, которые, по моему мнению, являются результатом исправления простой ошибки переписчика в момент создания рукописи; единственным исключением в этой книге является (возможно) пример 8. Среди всех исправлений, которые я задокументировал до сих пор в своем исследовании, некоторые из них объясняются простой ошибкой переписчика, и читателям важно понимать, что это объяснение является первым фактором, который я принимаю во внимание, пытаясь определить причину. Эти рукописи были написаны людьми, а не машинами, и поэтому всегда следует принимать во внимание обычную человеческую ошибку.

Что же означает существование этих исправлений? Это открытый вопрос со множеством возможных ответов. Вот некоторые размышления по этому поводу.

Во-первых, хотя считается, что к настоящему времени обоснованно доказано, что (за исключением нижнего слоя палимпсеста Саны) большинство сохранившихся рукописей Корана имеют признаки того, что они были созданы уже после кампании по стандартизации, в основном соответствующей той, которая произошла при третьем халифе, также ясно, что во времена создания большинства этих рукописей существовали *некоторые* различия в восприятии правильных слов текста Корана, которые позже были пересмотрены, когда эти представления изменились или стандартизация стала более тщательной. Не исключено, что некоторые из этих различных восприятий были привязаны к определенным географическим регионам или местностям. Эта очевидная гибкость выходит за рамки того, о чем сообщается в литературе по кираату.

Во-вторых, эти различия в восприятии не ограничивались первыми десятилетиями после смерти Мухаммада; некоторая гибкость сохранялась несколько столетий спустя. Расхождения, по-видимому, были невелики. Например, за редкими исключениями, такими как палимпсесты VII века (Саны и Бирмингемский), мы обычно не видим исправления очень больших фрагментов текста Корана в рукописях. Эта явная, но небольшая степень гибкости, по-видимому, очень хорошо согласуется с тем, что можно увидеть в других местах, например, с надписями в Куполе Скалы, которые Чейс Робинсон и Стивен Шумейкер истолковывают как определенную нестабильность в тексте Корана на протяжении всего времени его завершения в 691/2 году нашей эры, в правление халифа Абд аль-Малика[13] и, что более важно, вариации, требующие последующего исправления в рукописях, согласуются с тем, что Николай Синай назвал «моделью появляющегося канона», гипотезой о том, что «несмотря на то, что текст Корана к 660 году приобрел узнаваемую форму, он продолжал перерабатываться и пересматриваться вплоть до приблизительно 700 г.н.э.»[14] Конечно, такая модель, т.е. полное закрытие коранического «канона» около 700 года, все равно не объясняет появление после этого времени рукописей, которые все еще требовали более поздних исправлений, если, конечно, все они не объясняются только орфографическими изменениями, стандартными вариациями кираата или ошибкой переписчика при первоначальном изготовлении рукописи, а это не соответствует действительности.

В-третьих, частичная коррекция предполагает движение к стандартизации с течением времени, постепенный процесс, а не внезапную полную стандартизацию. Под частичной коррекцией я подразумеваю места, где один аспект текста на странице был приведен в соответствие с каирским *расмом* 1924 года, а другая часть текста осталась неисправленной. Конечно, это предположение подразумевает, что корректор, отмечая и исправляя один аспект текста на странице, который он счел отклоняющимся, пропустил другой, который он, судя по всему, не счел неправильным.

Доминирующее традиционное представление о ранней передаче и сохранении Корана гласило, что важнейшим фактором была устность, и способность даже современных детей запоминать весь Коран с раннего возраста приводится в качестве доказательства того, что то же самое практиковалось во времена Мухаммада и в последующие столетия. Действительно, нет особых оснований сомневаться в том, что устная передача играла значительную роль в те ранние годы. Однако существование рукописей свидетельствует также о традиции письменной передачи, а особенности рукописей также предполагают практику переписывания по образцу[15]. То есть, писцы просматривали существующую копию, чтобы создать новую копию, вместо того чтобы писать ее по памяти или делать запись на основе прослушивания декламации[16]. Таким образом, более вероятно, что устность была частью картины, но основная передача книги не была чисто устной — среда, которую Садеги и Бергманн назвали «полу-устной»[17].

Реконструкция физической истории рукописей и их связь как с устной традицией (традициями), так и друг с другом, является одной из целей этой работы. Особенный интерес представляет возможность сгруппировать рукописи по семействам на основе тщательного анализа и их текстологических особенностей; эта область исследований называется «стемматика», и в ней освещаются семейные отношения между «родителями» (образец) и «детьми» (копии), внуками, двоюродными братьями, и так далее. Неудивительно, что эта биологическая модель должна использовать методы и инструменты, используемые в аналогичной работе в области биологии, и подобный анализ проводила, например, Альба Федели[18]. Стоящая за этим более широкая идея уже давно используется в библейской текстологической критике и хорошо развита в этой области. В отношении рукописей Корана эта идея также не нова; классификация этих объектов по семействам была предложена Теодором Нельдеке еще в 1860 году[19]. Другие ученые также использовали отличительные особенности рукописей как способ сгруппировать их в соответствии с относительной близостью[20].

Очевидно, что приведенные выше наблюдения относятся только к передаче Корана. Иными словами, они ничего не говорят о том, получил ли Мухаммад откровение и было ли это откровение от Бога; они говорят только о том, что произошло позже, когда сообщество верующих сохранило и передало то, что он передал им.

Само по себе наличие исправлений в рукописях — это не конец истории, а лишь фрагмент картины, который необходимо принимать во внимание при оценке передаваемого, в данном случае, тех слов, которые верующие в апостольство Мухаммада стали понимать как набор откровений от Бога. Рукопись — это физическая запись текста; это средство передачи и сохранения. В последние годы и сегодня у нас есть много способов передачи и сохранения информации: печать, фотография, магнитные записи, такие как кассеты и видеокассеты VHS, компакт-диски и DVD-диски, цифровые архивы и, конечно же (как и в IIV веке) рукописный документ. В каждом случае существует вероятность шума или искажений, вызванных либо человеческой ошибкой, либо ограничениями самого носителя, но не каждое различие между записями обязательно является результатом человеческой ошибки или ограничений носителя. Работа исследователя рукописей — это работа в реальном мире объектов, где нужно уметь различать, что является шумом, а что — значимой информацией. Здесь я сделал лишь несколько выводов, но ожидаю, что, в конечном счете, наибольшей ценностью этой книги станет возможность поразмыслить, которую вам предоставили фотографии и описания.

Конечно, сказать можно еще многое, и остается огромное количество материала для дальнейших научных исследований. Я буду продолжать, насколько смогу, и надеюсь, что продолжат эту работу и другие ученые.

1. К ним относятся ранние произведения литературы, которые делятся на различные категории: *тафсир* (комментарии), *тарих* (история), *сира* (биография, т.е., биография Мухаммада), *риджал* (буквально «люди», это литература о жизни, родословных и свидетельства о правдивости и надежности людей, которые были вовлечены в передачу традиций), *хадисы* (рассказы о «том, что произошло», организованные тематически в виде отдельных фрагментов информации, передаваемых от от человека к человеку, пока их не собрал и не записал собиратель хадисов), *магхази* (истории набегов и завоеваний), *фикх* (юридические тексты, основанные на учении Мухаммада и Коране), и это лишь некоторые из них. Излишне говорить, что более ранние из них, как правило, имеют особый вес среди ученых, даже если они не всегда являются самыми популярными в религиозном плане. Кроме того, есть некоторые работы, которые по разным причинам считаются более авторитетными, чем другие. Даже самые авторитетные работы не лишены своих проблем, и отчасти это объясняется тем, что все эти работы, как правило, отделены от событий, которые они описывают, более чем столетием.

2. Например: Hoyland, Robert G., *Seeing Islam as others saw it: a survey and evaluation of Christian, Jewish, and Zoroastrian writings on early Islam* (Принстон: The Darwin Press, 1997).

3. Rippin, Andrew, «Al-Zuhrī, *Naskh al-Qurʾān* and the problem of early *tafsīr* texts,» в *Bulletin of the School of Oriental and African Studies, University of London* 47 no. 1 (1984), 22-43; Donner, Fred McGraw, *The Early Islamic Conquests*, (Принстон: The Princeton University Press, 1981); Motzki, Harald, «Whither Ḥadīth Studies?» в *Analysing Muslim Traditions: Studies in legal, exegetical, and maghāzī ḥadīth* (Лейден: Brill, 2010), 47-124; Crone, Patricia, *Meccan Trade and the Rise of Islam* (Пискатауэй: Gorgias Press, 2004); Noth, Albrecht, *The early Arabic historical tradition: A source-critical study* (Принстон: The Darwin Press, 1994); Neuwirth, Angelika, «Qur'an and History — a Disputed Relationship: Some reflections on Qur'anic History and History in the Qur'an,» в *Journal of Qur'anic Studies* 5 no. 1 (2003), 1-18; Crone, Patricia, «How did the quranic pagans make a living?» в *Bulletin of the School of Oriental and African Studies, University of London* 68 no. 3 (2005), 387-399.

4. Luxenberg, Christoph, *The Syro-Aramaic Reading of the Koran: A contribution to the decoding of the language of the Koran* (Берлин: Verlag Hans Schiler, 2007); Durie, Mark, *The Qur'an and its biblical reflexes* (Лэнхем: Lexington Books, 2018).

5. Cuypers, Michel, *The Banquet: A reading of the fifth sura of the Qur'an* (Майами: Convivium Press, 2009); Cuypers, Michel, *A Qurʾānic Apocalypse: A reading of the thirty-three last sūrahs of the Qur'ān* (Атланта: Lockwood Press, 2018); Stewart, Devin, «Divine Epithets and the *Dibacchius: Clausulae* and Qur'anic Rhythm,» в *Journal of Qur'anic Studies*, 15.2 (2013), 22-64; Rippin,

Andrew, «The poetics of Qurʾānic punning,» в *Bulletin of the School of Oriental and African Studies, University of London* 57 no. 1 in Honour of J. E. Wansbrough (1994), 193-207.
6. Bannister, Andrew G., *An Oral-Formulaic Study of the Qur'an* (Лэнхем: Lexington Books, 2014); Witztum, Joseph, «Variant Traditions, Relative Chronology, and the Study of Intra-Quranic Parallels,» в *Islamic Cultures, Islamic Contexts: Essays in honor of Professor Patricia Crone,* ed. Behnam Sadeghi, Asad Q. Ahmed, Adam Silverstein, and Robert Hoyland (Лейден: Brill, 2015); Durie, Mark, «Phono-semantic matching in Qurʾānic Arabic,» (неопубликованная статья, Arthur Jeffery Centre for Islamic Studies, Melbourne School of Theology).
7. Jeffery, Arthur, *The Foreign Vocabulary of the Qurʾān* (Лейден: Brill, 2007).
8. Madigan, Daniel A., *The Qurʾān's self-image: Writing and authority in Islam's Scripture* (Принстон: Princeton University Press, 2001).
9. Zellentin, Holger Michael, *The Qurʾān's Legal Culture: The* Didascalia Apostolorum *as a Point of Departure* (Тюбинген: Mohr Siebeck, 2013).
10. Dost, Suleyman, «An Arabian Qurʾān: Towards a theory of peninsular origins,» (Кандидатская дисс., Чикаский университет, Июнь 2017); «Geiger, Abraham, *Was hat Mohammed aus dem Judenthume aufgenommen?*» (Берлин: Parerga, 2005); Reynolds, Gabriel Said, *The Qurʾān and Its Biblical Subtext* (Абингдон: Routledge, 2010); Reynolds, Gabriel Said, ed., *The Qurʾān in Its Historical Context* (Абингдон: Routledge, 2008); Reynolds, Gabriel Said, ed., *New Perspectives on the Qurʾān: The Qurʾān in its historical context 2* (Абингдон: Routledge, 2011); Zellentin, Holger Michael, *The Qurʾān's Legal Culture: The* Didascalia Apostolorum *as a Point of Departure* (Тюбинген: Mohr Siebeck, 2013).
11. Small, Keith E., *Textual Criticism and Qurʾān Manuscripts* (Лэнхем: Lexington Books, 2011); Fedeli, Alba, «Early Qurʾānic manuscripts, their text, and the Alphonse Mingana papers held in the Department of Special Collections of the University of Birmingham,» (Кандидатская дисс., Университет Бирмингема, 2014); Powers, David, *Muḥammad is not the father of any of your men* (Филадельфия: University of Pennsylvania Press, 2009); Puin, Elisabeth, «Ein früher Koranpalimpsest aus Sanʿāʾ (DAM 01-27.1),» в *Schlaglichter: Die beiden ersten islamischen Jahrhunderte,* ed. Groß, Markus and Karl-Heinz Ohlig, (Берлин: Verlag Hans Schiler, 2008); Dutton, Yasin, «Some Notes on the British Library's 'Oldest Qurʾan Manuscript' (Or. 2165),» в *Journal of Qurʾanic Studies* 6 no. 1 (2004), 43-71; Sadeghi, Behnam and Uwe Bergmann, «The Codex of a Companion of the Prophet and the Qurʾān of the Prophet,» в *Arabica* 57 (2010), 343-436; Rezvan, E., «New folios from ʿUthmānic Qurʾān' I. (Library of Administration for Muslim Affairs of the Republic of Uzbekistan),» в *Manuscripta Orientalia* 10 no. 1 (2004). Это всего лишь выборка из гораздо более широкого круга работ, включая работы, цитировавшиеся ранее в этой книге.

12. Kohlberg, Etan, and Mohammad Ali Amir-Moezzi, eds., *Revelation and Falsification: The* Kitāb al-qirā'āt *of Aḥmad b. Muḥammad al-Sayyārī (Critical Edition)* (Лейден: Brill, 2009); Modarressi, Hossein, «Early Debates on the Integrity of the Qur'ān: A Brief Survey,» в *Studia Islamica* 77 (1993), 5-39. Например, были дебаты, в ходе которых утверждалось, что общепринятый текст Корана был искажен. Упомянутая здесь книга является критическим изданием одной из таких работ, датируемой IX веком нашей эры.
13. Sinai, Nicolai, «When did the consonantal skeleton of the Qur'ān reach closure?» в *Bulletin of the School of Oriental and African Studies* 77 (2014), 273-292.
14. Там же, 6.
15. Признаки того, что рукопись была скопирована при просмотре другой рукописи, включают такие ошибки, как *гаплография* (пропуск слова или фразы) или *диттография* (написание одного и того же слова или фразы дважды) из-за *параблепсиса* (взгляда в сторону при копировании, например, для того, чтобы обмакнуть перо в чернила). В ранних рукописях Корана есть множество исправлений, которые корректируют такого рода ошибки.
16. Эту последнюю практику, запись на основе декламации, можно отличить, когда, например, есть путаница между буквами, которые звучат одинаково, но выглядят по-разному при написании. Такой ошибки не было бы допущено, если бы переписчик копировал с более ранней рукописи. Такого рода ошибки не часто встречаются в рукописях Корана; на самом деле, на ум не приходит ни один пример такого рода.
17. Sadeghi, Behnam and Uwe Bergmann, «The Codex of a Companion of the Prophet and the Qur'ān of the Prophet,» в *Arabica* 57 (2010), 345.
18. Fedeli, Alba, и Andrew Edmondson, «Early Qur'anic Manuscripts and their Networks: a Phylogenetic Analysis Project,» (предварительно распространенный документ для конференции «Qur'anic Manuscript Studies: State of the Field,» Будапешт, мая 2017, после исследовательского проекта *Early Qur'ānic Manuscripts and their Relationship as Studied Through Phylogenetic Software* в ценральноевропейском университете, Будапеште).
19. Cook, Michael, «The stemma of the regional codices of the Koran,» в *Graeco-Arabica Festschrift in Honour of V. Christides Τιμητικοσ Τομοσ Βασιλειου Χρηστιδη, Volumes IX-X.* ed. George Livadas. (Афины: Graeco-Arabica, 2004), 89-104.
20. George, Alain, «Coloured Dots and the Question of Regional Origins in Early Qur'ans (Part I),» в *Journal of Qur'anic Studies* 17.1 (2017), 1-44; van Putten, Marijn, «„The Grace of God" as evidence for a written Uthmanic Archetype: The importance of shared orthographic idiosyncrasies,» в *Bulletin of the School of Oriental and African Studies.* 82:2, Уюнь 2019, 271-288.

УКАЗАТЕЛЬ УПОМЯНУТЫХ АЯТОВ КОРАНА

2:137 (61-2); **2:191-3** (84, 86-7); **3:171** (65-6); **4:6** (75); **4:33** (74-5); **4:149** (57-8); **4:167** (69-71); **5:93** (51-3); **6:40** (78-9); **6:86** (66); **6:91-97** (46-50); **7:34** (79); **8:3** (82-3); **9:72** (28-30); **9:78** (34, 38, 42); **9:80** (55); **9:93** (34, 37, 42); **13:11-12** (88-89); **15:85** (78-9); **22:40** (34, 37, 40); **23:86** (54-6); **23:87** (55-6); **24:33** (72-3); **24:51** (34, 37, 41); **30:9** (43-5); **33:9** (76-77); **33:18** (34, 36, 38); **33:24** (34, 36, 39); **33:73** (34, 36, 39); **34:27** (80-1), **34:35** (67-8); **35:11** (34, 37, 41); **41:21** (34, 36, 40); **42:5** (59-60); **42:21** (31-3); **66:8** (63-4)

РЕКОМЕНДОВАННАЯ ЛИТЕРАТУРА

Ниже приведен неполный список недавних книг, посвященных рукописям Корана. Некоторые из них могут оказаться сложными для неспециалиста. Тот факт, что я их здесь перечисляю, не означает, что я одобряю каждую позицию, теорию или вывод авторов, но все они являются серьезными учеными, занимающимися предметом по существу.

Baker, Colin F. *Qurʾan manuscripts: calligraphy, illumination, design*. Лондон: The British Library, 2007.

Blair, Sheila S. *Islamic calligraphy*. Эдинбург: Edinburgh University Press, 2008.

Cellard, Eléonore. *Codex Amrensis I* (French and Arabic). Лейден: Brill, 2018.

Déroche, François. *Qurʾans of the Umayyads*. Лейден: Brill, 2014.

George, Alain. *The Rise of Islamic Calligraphy*. Лондон: SAQI, 2010.

Hilali, Asma. *The Sanaa Palimpsest: The Transmission of the Qur'an in the First Centuries AH.* Оксфорд: Oxford University Press, 2017.

Powers, David. *Muḥammad is not the father of any of your men.* Филадельфия: University of Pennsylvania Press, 2009.

Sinai, Nicolai. *The Qur'an: A Historical-Critical Introduction.* Эдинбург: Edinburgh University Press, 2017.

Small, Keith. *Textual Criticism and Qur'ān Manuscripts.* Лэнхем: Lexington Books, 2011.

Я также рекомендую главы следующих авторов, которые содержатся, среди прочего, в немецких томах "Инара" под редакцией Карла Хайнца-Охлига и Маркуса Гросса:

Альба Федели

Томас Мило

Элизабет Пуин

Герд-Р Пуин

Кит Смолл

К числу других авторов, опубликовавших важные журнальные статьи, но еще не книги, о рукописях Корана, относятся, в частности, Ясин Даттон, Мохсен Гударзи, Ефим Резван, Бехнам Садеги, Ахмад аль-Джаллад, Майкл Маркс и Марийн ван Путтен. К этому списку можно было бы добавить большинство авторов вышеприведенных книг.

Наконец, я упоминаю еще одну недавно опубликованную книгу, которая не имеет прямого отношения к рукописям, но в которой проводится тонкий лингвистический и тематический анализ, который может иметь некоторое отношение к некоторым вещам, которые мы видим в них:

Durie, Mark. *The Qur'an and Its Biblical Reflexes: Investigations Into the Genesis of a Religion.* Лондон: Lexington Books, 2018.

ГЛОССАРИЙ

архиграфема — знак, который может представлять различные графемы (буквы). В данном контексте это относится к арабским буквам, которые из-за отсутствия диакритических знаков часто были двусмысленными.

аят — стих из Корана

бифолио — лист, сложенный посередине так, чтобы образовались два фолио в переплетенной книге. Несколько бифолио обычно складываются в стопку и сшиваются вместе, образуя тетрадь.

грамматика шрифта — термин, введенный в 2002 году Томасом Мило для обозначения небольших вариаций в консонантном скелетном тексте, который позволяет устранить неоднозначность некоторых согласных даже при отсутствии точек

графема — наименьшая единица письменности в языке. Этот термин имеет отношение к пониманию слова «архиграфема», приведенного выше.

Г.Х. — аббревиатура от «Год хиджры», обозначение даты в соответствии с исламским календарем, который отсчитывает лунные годы со времени переселения Мухаммада из Мекки в Медину в 622 году нашей эры. Столетия часто даются в формате Н.Э./Г.Х., например «VII/1-й век», что означает VII век нашей эры, который также является 1-м веком по мусульманскому календарю.

диакритические знаки — графические знаки (сегодня обычно точки), которые делают отличия между неоднозначными согласными. Например, в арабском языке три точки над согласным зубцом обозначают букву *thā'*, две точки обозначают *tā'*, одна точка над обозначает *nūn*, одна точка под зубцом обозначает *bā'*, а две точки под зубцом обозначают *yā'*. Есть много других примеров.

кибла — направление исламской молитвы, сегодня обращенное к Мекке

кодекс — книга (т.е. несколько страниц, переплетенных с одного края). Арабское слово, обозначающее кодекс/книгу, — мусхаф.

колофон — заявление, обычно помещаемое в конце книги, содержащее подробную информацию о его производстве. В рукописи Корана колофон может содержать имя каллиграфа, дату завершения проекта и, возможно, имя мецената, заказавшего его. К сожалению, самые ранние рукописи Корана не содержат колофонов.

Глоссарий

консонантный скелетный текст — арабский *расм*, то есть, основная структура письменного арабского языка без каких-либо точек или других знаков для устранения неоднозначности букв

манускрипт — рукописный документ

мусхаф (множественное число: масахиф) — арабское слово, обозначающее книгу

орфография — с греческого означает «правильное написание», относится к правописанию слов, особенно его буквенного состава

пергамент — кожа животного, подготовленная для письма. Пергамент иногда также называют пергаментной бумагой; они не являются точными синонимами, но эти термины часто используются взаимозаменяемо.

расм — арабское слово, описывающее консонантный арабский текст. Полный письменный арабский язык сегодня содержит знаки, обозначающие согласные, знаки, обозначающие долгие гласные, и иногда знаки, обозначающие краткие гласные. *Расм* относится к первым двум пунктам, но не к последнему.

сура — глава Корана

тетрадь — раздел книги, состоящий, как правило, из нескольких бифолио, сложенных в стопку и сшитых посередине. В традиционном переплетном деле и даже в современных качественных переплетах сначала изготавливается несколько тетрадей, а затем из них сшивается или склеивается цельная книга.

фолио — страница в кодексе. Фолиант имеет recto (лицевую сторону) и verso (оборотную сторону).

хадис — это сообщение, которое передавалось от человека к человеку в течение долгого времени, прежде чем его записали. Хадисы обычно повествуют о том, что сказал или сделал Мухаммад, что он одобрил или не одобрил, или о подобных вещах, которые делали или говорили его сподвижники. Отдельные сообщения о хадисах были собраны в авторитетные сборники.

recto — лицевая сторона листа в книге, сокращенно «r»; при упоминании рукописей в этой книге, например, 26r означает «26 recto», или лицевая сторона фолио номер 26. Другая сторона называется «verso».

verso — оборотная сторона страницы в книге, сокращенно «v»; при обращении к рукописям в этой книге, например, 26v означает «26 verso», или оборотная сторона фолио номер 26. Другая сторона называется «recto».

ОБ АВТОРЕ

Доктор Брубейкер изучает фолианты Корана VII века в коллекции Сабаха в Музее Дар, Кувейт, 2015 год.

ДЭНИЕЛ БРУБЕЙКЕР заинтересовался исправлениями в рукописях Корана во время своей докторской работы в Университете Райса, и увлекся ими настолько, что решил уделить им основное внимание. Его диссертация, озаглавленная «Намеренные изменения в рукописях Корана» (2014), является первым обширным исследованием физических исправлений в ранних письменных текстах Корана. Его содержание и дополнительные материалы будут опубликованы в ближайшее время. Это первая книга Брубейкера.

facebook.com/drbruı
x.com/dbruı
instagram.com/dbruı